Mikroabenteuer Deutschland

Geniale Mikroabenteuer direkt vor der Haustür

Gönnen Sie sich eine Auszeit fernab vom Alltag und tauchen Sie in eine Welt voller Spaß und unvergesslicher Momente ein

INHALT

Hinweise zur Benutzung

Dieses Buch möchte Ihnen Anregungen und Tipps für Ihr nächstes, vielleicht zugleich erstes Mikroabenteuer geben. Frei nach der Devise „Raus aus dem Alltag – rein in die Welt der Abenteuer! Raus aus der Komfortzone – rein in die Natur".

Sie werden Tipps und Anleitungen zum Bau bestimmter Gegenstände und Vorrichtungen finden, Anregungen zur Wahl Ihrer Ausrüstung und zu möglichen Zielen und Aktivitäten. Auch dabei sind ein paar Ideen für Ihren „Wildsalatteller" und einiges mehr. Bitte folgen Sie den Ratschlägen nie ohne eine gewisse Vorsicht und Sorgfalt. Was davon Sie sich zutrauen, wie Ihre Fähigkeiten und Vorkenntnisse ausgeprägt sind, können nur Sie einschätzen. Für den einen werden bestimmte Mikroabenteuer keine besondere Herausforderung darstellen, für den anderen dagegen schon im Grenzbereich liegen.

Und weil ich es gerade beim Schreiben bemerkt habe: dieses Buch möchte Sie alle ansprechen. Ob Abenteurer oder Abenteurerin, jung oder jung geblieben, ob Greenhorn oder Fortgeschrittener, ich möchte keine Unterschiede in der Anrede machen, um den Text nicht unnötig zu strecken und unlesbar zu gestalten, und schätze jeden Leser meines Buches so, wie die Person ist.

Bitte gehen Sie auf Ihren Abenteuern achtsam mit sich und der Natur um. Denken Sie stets daran, dass Sie Verantwortung für sich, Ihre Gesundheit und die Natur tragen. Niemand von uns Abenteurern ist allein auf der Welt und auch andere Menschen möchten es uns vielleicht gleichtun. Sie alle wollen ihren Abenteuerspielplatz möglichst authentisch und unverändert erleben und genießen. Es wäre schade, wenn sie die Natur vermüllt, Sehenswürdigkeiten zerstört oder gar nicht mehr (weil von anderen Besuchern entwendet) vorfinden würden.

Aber ich glaube, wer sich mit diesem Thema intensiver befasst und sich die Mühe macht, ein Buch darüber zu lesen, hat bereits von sich aus eine feste Bindung zur Natur. Man kann nicht genug an die Einzigartigkeit unserer Erde, ihrer Flora und Fauna, erinnern. Halten wir sie durch unser Tun oder Nichttun in Ehren.

Prinzipiell hinterlasse ich die Natur so, wie ich sie vorgefunden habe. Wenn es die Umstände erlauben, nehme ich auch den Müll anderer mit. Und ich kenne viele, die es mir gleichtun. Achten Sie auf die aktuelle Waldbrandstufe und auf das Verbot offenen Feuers und nutzen Sie fürs Feuermachen nur ausgewiesene Stellen. Stören Sie Tiere in ihrem Lebensraum so wenig wie möglich und verzichten Sie lieber einmal auf ein kleines Abenteuer, wenn es der Natur mehr schadet, als es Ihnen nützt.

Es liegt an jedem von uns, ob auch in Zukunft das eine oder andere Abenteuer noch möglich sein wird oder ob es zu Einschränkungen durch den Gesetzgeber bzw. zuständige Behörden kommen wird. Ein aktuelles und leider auch trauriges Beispiel ist das teils massive Vorgehen gegen Freisteher, Wildcamper, Wohnmobilfahrer und andere Outdoor-Begeisterte. Corona hat durch die damit einhergehenden Einschränkungen zu einer massiven Zunahme dieser Aktivitäten geführt und so sind viele Gemeinden an die Grenzen des Zumutbaren an Lärm, Fahrzeugen und Hinterlassenschaften gekommen. Vieles, was vorher noch geduldet war, wird nun unterbunden und mit Geldstrafen geahndet, Naturparkplätze werden über Nacht geschlossen und vieles mehr.

Machen wir uns bewusst: Unsere „Freiheit", durch den Wald zu laufen, dort ein Nachtlager aufzuschlagen, in verborgene Höhlen zu kriechen oder Inseln zu betreten, ist immer auch ein Eingriff in die Natur. Und diese verträgt nur ein bestimmtes Maß, ohne Schaden zu nehmen. Wenn es jeder macht, wird es zu viel.

Halten wir uns dies bei unseren Aktivitäten immer vor Augen und denken wir auch an morgen. So, nun möchte ich nicht weiter „belehren“ und Sie womöglich noch von Ihrem nächsten Trip in die Natur abbringen. Schauen wir uns lieber an, was ein Mikroabenteuer ist und welche Unternehmungen für Sie infrage kommen.

Ich wünsche Ihnen viel Spaß beim Lesen meines Buches!

Vorwort

„Ich muss raus, einfach weg. Weg vom Alltagsmief, den täglichen Belastungen, dem Ärger auf der Arbeit, den ausufernden Forderungen der Familie. Meine Speicher sind leer, mit den üblichen Mitteln nicht mehr aufzufüllen."

Vielleicht finden Sie sich in diesen Worten wieder und sind so auf das Thema Mikroabenteuer gestoßen? Oder sind Sie vielleicht energiegeladen, stehen in der Blüte Ihres Lebens und wissen kaum, wohin mit Ihrer Kraft? Sie suchen ständig neue Herausforderungen und den Adrenalinkick?

Vielleicht sind Sie aber auch mit sich „im Reinen" und genießen einfach gerne Ihre Zeit so naturnah wie möglich. Sie wollen mit dem Fahrrad oder zu Fuß die Gegend erkunden, einen Weg der Erkenntnis gehen (z. B. einen Teil des Jakobswegs) oder Ihr neues Boot ausprobieren?

Vielleicht haben Sie auch nach vielen Jahren der Abstinenz das Funken wieder für sich entdeckt und es zieht Sie auf den nächsten Berg, um einmal mit entfernten Stationen Kontakt aufzunehmen? Vielen ehemaligen CB-Funkern geht es durch die coronabedingten Veränderungen aktuell so und es gibt daher gerade einen kleinen Boom. Funken verbindet Menschen über große Distanzen und auch dann, wenn körperliche Gründe das physische Treffen nicht mehr so einfach möglich machen.

Oder Sie möchten Ihre Fähigkeiten für den Notfall testen, erweitern oder erst einmal Grundlagen schaffen? Vielleicht auch Wasser gewinnen und trinkbar machen oder ein Feuer ohne Hilfsmittel entfachen?

Es spielt keine Rolle, warum Sie sich für Mikroabenteuer interessieren: Sie werden die eine oder andere Idee für sich entdecken und hoffentlich mit einem unvergesslichen Erlebnis nach Hause zurückkehren, das Sie auf die eine oder andere Art und Weise stärker gemacht hat.

Ob Mann oder Frau, ob Kind oder Senior, ob glühender Sonnenschein, die bunten Blätter des Herbstes oder das Weiß des Winters, mit der richtigen Idee, der richtigen Kleidung und ein wenig Mut werden Sie IHR Mikroabenteuer finden und erleben.

Alles hat seine Zeit, und so wird das richtige Abenteuer zur richtigen Zeit auch zu Ihnen finden.

Einführung

WAS SIND MIKROABENTEUER?

Die Idee der **Mikroabenteuer** und ihr Name kommen ursprünglich aus dem Englischen (*microadventures*) und gehen auf den britischen Abenteurer und Schriftsteller Alastair Humphreys zurück, der den Begriff in seinem 2014 erschienenen Buch „Microadventures" erstmals verwendete. Humphreys gilt sozusagen als Erfinder der Mikroabenteuer. Er definierte den Begriff für sich als „Abenteuer, die jeder im Alltag und in seiner Umgebung erleben kann", als Outdoor-Erlebnis vor der eigenen Haustür, wortwörtlich als „adventures that are close to home".

Vom Magazin „GEOplus" befragt, antwortete er:

> „Ich wollte mit dieser Idee zeigen, dass Abenteuer nicht nur etwas für Abenteurer sind. Es mag sein, dass nicht jeder die Steilwand des El Capitan erklimmen kann oder auf Skiern zum Nordpol fährt, aber dennoch kann jeder ein Abenteuer erleben. Ich würde sogar so weit gehen und sagen, desto stressiger das Alltagsleben, desto essenzieller werden Mikroabenteuer. Meine Definition eines Mikroabenteuers ist genau, was der Name suggeriert. Es handelt sich um ein richtiges Abenteuer, eben nur nicht ein großangelegtes. Ein lokales, kostengünstiges, simples, kurzes Abenteuer. Ich persönlich halte es für wichtig, auch eine Nacht draußen zu schlafen, anstatt nur einen Tagestrip in die Natur zu unternehmen, aber das sei jedem selbst überlassen."
>
> *[https://www.geo.de/reisen/reise-inspiration/16702-rtkl-alastair-humphreys-tipps-vom-erfinder-so-werden-mikroabenteuer]*

So viel vom „Urvater" der Mikroabenteuer. Inzwischen haben es viele ihm gleichgetan, eine breite Community ist entstanden und die Grenzen haben sich verschoben.

Für mich beginnt ein Mikroabenteuer da, wo ich aus den angestammten Wegen meines Alltags ausbreche, einmal einfach etwas ganz anderes, etwas nicht Alltägliches mache. Das kann, muss aber keine Übernachtung im Wald sein, keine Wandertour über viele Kilometer, kein Überleben ohne Ausrüstung und Nahrung. Es muss nicht einmal nach der Arbeitszeit beginnen und am nächsten Morgen, mit müden Augen, am Arbeitsplatz enden. Es kann auch einfach spontan am Samstagmorgen beginnen und mich am Abend wieder nach Hause führen. Jeder Mensch definiert Mikroabenteuer für sich etwas anders, und manch einer sieht selbst seine Ehe als ein einziges Abenteuer.

„Ich packe meine Sachen und nehme mit ...“. Wer kennt nicht dieses alte Spiel? Manchmal packe ich ein Buch, eine Plane und eine Flasche Wasser ein und ziehe einfach los oder fahre mit dem Fahrrad, dem Moped oder auch mit dem Auto irgendwohin. Dann entscheide ich jeweils im Moment, wie es weitergeht.

Das Schöne und Abenteuerliche für mich daran ist, dass ich meinem spontanen Bauchgefühl folge. Manche Sachen müssen geplant und vorbereitet werden, andere entstehen im Moment. Nicht jeder wird sie als Abenteuer ansehen und doch sind sie für den einen oder anderen genau dies: ein unvorbereitetes, ungeplantes Ausbrechen.

Mit dem Kind oder den Kindern einen Drachen oder eine Wassermühle zu bauen, vielleicht noch aus Funden in der Natur, ist kein Abenteuer, das ich über Nacht erlebe, aber für mich und mein Kind wird es unvergessen bleiben. In diesem Sinne: Klammern Sie sich nicht an Definitionen. Wählen Sie für sich, was Sie erleben wollen. Wie andere es bezeichnen, spielt dabei keine Rolle.

WO FINDEN SIE INSPIRATIONEN FÜR IHR MIKROABENTEUER?

Es gibt unzählige Quellen und Möglichkeiten, um auf Ideen für den nächsten Trip zu kommen: das Internet mit seinen unzähligen Foren und Seiten zu diesem Thema, Facebook mit seinen Gruppen, in denen sich Interessierte genauso wie eingefleischte Abenteurer finden und austauschen und Bücher wie dieses, das nicht ohne Ihr Zutun zu Ihnen gefunden hat. Darüber hinaus besitzen Sie eine wertvolle Quelle selbst, Sie haben sie immer bei sich und jederzeit Zugriff darauf: Ihre Intuition, Ihr Bauchgefühl.

Hören Sie auf Ihre Sehnsüchte, folgen Sie Ihrem Drang. Wenn Ihnen nach Wandern ist, Schuhe an und raus. Wenn Sie Ruhe suchen, ab in den nächsten Wald, zum Friedhof oder auch nur in eine verlassene Ecke, in die sich sonst kaum ein Mensch verirrt.

Friedhof, höre ich Sie sagen? Ja, wenn Sie nicht gerade erst eine liebe Seele verloren haben und jetzt vielleicht nicht die richtige Zeit für eine Konfrontation mit Ihrem Schmerz ist, habe ich doch auf stundenlangen Läufen oder nur beim Sitzen auf einer Friedhofsbank viel über mich erfahren und Antworten gefunden. Sie glauben gar nicht, welche Gedanken Ihnen kommen, wenn Sie nur sich selbst zuhören „müssen“ und sich nicht durch andere Dinge ablenken. Aber jeder Mensch ist anders. Manche sind sehr spirituell und finden in dieser Ruhe Antworten, andere brauchen Adrenalin, um an ihre Grenzen zu stoßen und sich dadurch selbst näherzukommen.

So unterschiedlich wir Menschen sind, so vielfältig sind die Möglichkeiten, sein eigenes kleines Abenteuer zu erleben. Und Abenteuer ist nicht nur Action, ein Abenteuer kann auch sein, zu sich selbst zu finden, seinen Weg neu zu bestimmen, seinen Horizont zu erweitern.

Let‘s go – lassen wir das Abenteuer beginnen.

Teil 1
Was Sie über Ihre Ausrüstung wissen sollten

In diesem Teil erwarten Sie Tipps rund um Ihre mögliche Ausrüstung.

Was sollten Sie sich dringend zulegen, wenn Sie mehr als einmal dem Ruf des Mikroabenteuers folgen wollen oder Sie das Besondere daran schon förmlich gefangen hält?

Worauf sollten Sie bei der Auswahl Ihrer Ausrüstung achten? Womit beginnen Sie? Was können Sie vorerst getrost zu Hause oder im Geschäft lassen, wenn Sie Ihre ersten Schritte gehen?

Wo möglich, möchte ich Sie an meinen persönlichen Erfahrungen teilhaben lassen.

Die Ausrüstung

Eine wichtige Frage stellt sich bereits vor dem ersten Abenteuer: Welche Ausrüstungsgegenstände benötige ich? Welche sind unbedingt notwendig, welche erweitern meine Ausrüstung und was ist reiner Luxus? Diese Fragen werden Sie sich im Lauf Ihrer Abenteurerkarriere immer wieder stellen. Ihre Antwort wird sich stetig ändern und sich Ihren Erfahrungen und bestandenen Abenteuern anpassen.

Zunächst: Man kann auch ein Mikroabenteuer erleben, ohne vorher Equipment anzuhäufen und viel Geld zu investieren. Man nimmt, was man hat. Es kann ein Abenteuer werden, mit dem loszugehen, was man am Leibe trägt, der Natur zu trotzen, sie zu erleben. Ob es dann der erste Wildkräutersalat wird oder schon das Übernachten ohne jegliche Ausrüstung im Wald, hängt von Ihnen selbst ab, von Ihren Vorkenntnissen, Erfahrungen, Ängsten und anderen Faktoren.

Ein wichtiges Utensil, das einen Grundstein für viele weitere selbst gebaute Werkzeuge und Hilfsmittel darstellt, ist das Messer. Mit einem Messer wird Ihnen vieles leichter fallen und es kann als Grundstock angesehen werden. Mehr zur Auswahl des richtigen Messers erzähle ich Ihnen im Verlauf des Buches.

Wann immer Sie sich in die Natur begeben, sollten Sie dabeihaben:

- Ihre persönlichen Medikamente
- etwas Nahrung (Essen und Wasser)
- angepasste Kleidung (wasserdicht oder -abweisend, als Sonnen- und/oder Kälteschutz)
- eine Mütze (im Sommer und Winter)
- ein Smartphone, um erreichbar zu sein und Hilfe holen zu können

Welche Ausrüstung sollten Sie darüber hinaus bereithalten? Ich gehe bei der folgenden Auflistung in Stufen vor und ergänze die Aufzählungen jeweils immer nur durch die zusätzlichen Gegenstände. Diese Einordnung ist kein strenges Regelwerk, sie entspricht meinen Gepflogenheiten und dient als Idee.

Grundausstattung für ein Mikroabenteuer:

- Messer
- Taschenlampe

Minimale Ausstattung:

- kleiner EDC-Pack, Bauchtasche (Befüllung im entsprechenden Kapitel beschrieben)
- Daypack („Rucksack für einen Tag")
- Wasserbehältnis

Ausstattung für längere Touren (inkl. Übernachtung):

- ein großer, stabiler (der Tour angepasster) Rucksack
- Plane, Tarp, Poncho
- Schlafsack (angepasst an die Saison)
- Hilfsmittel zum Feuerstarten und um Wasser trinkbar zu machen
- Paracord oder Ähnliches
- Rettungsdecke aus dem Erste-Hilfe-Set
- Erste-Hilfe-Set
- Kartenmaterial
- Kondom (als Behältnis für Wasser und vieles andere)
- Tampon (als Zunder, perfekt zum Feuer machen)

- Funktelefon mit GPS oder ein anderes Navigationsgerät
- Kocher oder andere Feuer- bzw. Wärmequelle
- Geschirr (mindestens ein feuerfester Becher)

EDC – UNSERE „IMMER-DABEI-TOOLS"

Unter EDC verstehen wir, wie es der aus dem Englischen kommende Begriff „**E**very **D**ay **C**arry" vermuten lässt, Utensilien, die wir tagtäglich mit uns führen und so jederzeit verfügbar haben. Mittlerweile hat sich auf diesem Gebiet ein ganzer Markt entwickelt, der sowohl für Mikroabenteurer als auch für Prepper, Survival- und andere Interessierte ein vielfältiges Angebot bereithält.

EDC-Artikel bieten im Idealfall ein leichtes Gewicht bei mannigfaltiger Einsatzmöglichkeit, sind trotzdem qualitativ hochwertig und nicht allzu groß. Schließlich geht es darum, nicht zusätzlich einen Rucksack mitzuführen oder die Hose gegen Verlust sichern zu müssen.

So wenig wie möglich Einschränkung im Alltag – so viel wie möglich Nutzen im Bedarfsfall.

Ich beschreibe im Folgenden zwei EDC-Tools, die immer am Körper getragen werden können, sowie ein EDC-Pack, also eine kleine Packtasche, in der Sie mit einem Griff alle „Must-Have-Gadgets" („Spielereien", hier i. S. v. „Gegenstände") für ein Mikroabenteuer finden, die Sie sich vorher zielgerichtet ausgesucht haben – also nicht den Daypack (Tagesrucksack) oder den großen Rucksack für längere Touren, sondern das kleine „Das-Wichtigste-dabei"-Pack.

Die genannten Behältnisse werden sowohl als „Pack" als auch als „Bag" oder „Pouch" bezeichnet. Wundern Sie sich also bitte nicht, wenn Sie im Laufe des Buches verschiedene Schreibweisen vorfinden.

Das EDC-Messer

Ein Messer stellt in dieser Rubrik den ersten und aus meiner Sicht wichtigsten EDC-Gegenstand dar, den Sie sich zulegen sollten. Ein Messer ist vielfältig einsetzbar und sollte, wenn Sie auf ein Abenteuer außerhalb der Wohnung aus sind, Ihr erstes Ausrüstungsstück darstellen.

Was der Survival-Experte Johannes Vogel bereits in seinem Buch „Outdoor Survival mit dem Messer" für den Leser feststellt:

> „Zwei Dinge sollten Sie in einer Notsituation in freier Natur nicht verlieren: Ihr Messer und Ihren Kopf",

kann man für den Bereich Mikroabenteuer uneingeschränkt übernehmen, wenn es einmal etwas abseits der festen Wege gehen soll. Ich persönlich favorisiere hierfür seit Jahrzehnten ein Multifunktionsmesser/Tool der Firma Victorinox und besitze gleich mehrere davon.

Warum ein Taschenmesser?

Sicher ist ein feststehendes Messer stabiler und kann mehr Kraft übertragen. Man kann damit auch einmal ein Stück Holz spalten (Engl. „batoning") und Dinge tun, die mit einer kleinen Klinge nicht möglich sind. Aber dieser Stärke stehen Größe und Gewicht entgegen, wenn es wie hier um ein EDC für den „Notfall" bzw. um die kurzfristige Entscheidung für ein Mikroabenteuer geht. Ein hochwertiges Messer mit feststehender Klinge kann jederzeit in einem Rucksack verstaut werden und wird Ihnen gute Dienste leisten. Als EDC ist es jedoch nicht geeignet, es sei denn, Sie sind es gewohnt, tagtäglich mit einem Messer am Gürtel durch die Gegend zu laufen.

Warum ein Multifunktionstool bzw. -messer?

Ausschlaggebend sind die mannigfaltigen Einsatzbereiche, die Ihnen bei diesem Typ Messer im Bedarfsfall zur Verfügung stehen. Eine kleine Feile, eine Pinzette (z. B., wenn Sie sich einen Span eingezogen oder eine Zecke eingefangen haben), ein kleiner Schraubendreher für das Brillengestell, eine Säge für einen dicken Ast, ja, sogar eine stabile Zange oder Schere können vorhanden sein, ohne dass dieses Utensil zu einer großen Last wird. Das Gute ist, Sie selbst entscheiden, was Sie besorgen und mit sich tragen wollen. Es ist Ihr persönlicher Kompromiss zwischen Größe, Masse und Funktionalität, den Sie eingehen. Ich liebe meine Taschenmesser und konnte schon viele Situationen mit ihrer Hilfe retten.

Warum trage ich ein Victorinox?

Zunächst ist dies nur **eine** Empfehlung von mir, weil ich diese Marke seit Jahren nutze und auf meine eigenen Erfahrungen zurückgreifen kann. Es gibt weitere gute Hersteller, die Sie sich anschauen können und auch sollten. Im Internet werden Sie zu diesem Thema viele Informationen finden, die Sie zu „Ihrem" Messer führen können.

Warum nutze ich ein Victorinox als EDC? Für mich sprechen die lebenslange Garantie auf Verarbeitungs- und Materialfehler und die hohe Qualität für diese Marke. Victorinox hat einen sehr guten Ruf und ist bestrebt, diesem auch gerecht zu werden. Meine Erfahrungen damit waren bislang sehr gut. Aber auch andere Marken, wie zum Beispiel Leatherman, stellen hochwertige Werkzeuge her.

Die „Leathermans" sind beliebt als Multifunktionstools und auch mit Zusätzen wie Bits usw. erhältlich. Deshalb werden sie gern von Handwerkern gekauft und getragen. Eine Sache sollten Sie beachten:

Wenn Ihr Multifunktionstool oder EDC-Messer eine Einhandklinge beinhaltet, dürfen Sie es nach dem deutschen Waffengesetz nicht ohne „berechtigtes Interesse" führen. Ein „berechtigtes Interesse" liegt insbesondere vor, wenn das Führen im Zusammenhang mit der Berufsausübung, der Brauchtumspflege oder dem Sport erfolgt oder einem allgemein anerkannten Zweck dient.

Wenn Sie nun leicht verwirrt sind, kann ich Sie zumindest damit beruhigen, dass es Ihnen nicht allein so geht. Diese „schwammige" Formulierung durch den Gesetzgeber führte und führt anhaltend zu allem anderen als

Rechtssicherheit, wodurch es regelmäßig zu Missverständnissen und verschiedenen Interpretationen, auch bei der strafrechtlichen Beurteilung, kommt.

Nachlesen können und sollten Sie das von mir Zitierte im Waffengesetz (WaffG) in § 42a. Als „Führen“ wird dort ein Zustand definiert, bei dem Sie das Messer in kurzer Zeit, ohne viele „Schritte“, in Gebrauch nehmen können. Wenn Sie es im verschlossenen Rucksack tragen, wird dies sicher nicht als „Führen“ angesehen, in der Jackentasche hingegen schon. Ich kann Ihnen nur raten, Ihr Messer in ein verschließbares Behältnis zu stecken, wenn es eine mit einer Hand zu öffnende Klinge besitzt, insbesondere in der Öffentlichkeit und wenn Sie nicht gerade einer Arbeit nachgehen, die ein berechtigtes Interesse begründet. Bei der Arbeit, beim Pilze sammeln, beim Schnitzen oder im Wald bei einem Ihrer Mikroabenteuer haben Sie ein berechtigtes Interesse und sind vom Führverbot ausgenommen.

Ich möchte noch ergänzen: Die meisten Träger eines Einhandmessers oder Tools mit einer einhändig zu öffnenden Klinge sind wohl noch nie in die Verlegenheit gekommen, sich rechtfertigen zu müssen. Dennoch gab es einzelne Fälle (z. B. zielgerichtete Kontrollen durch die Polizei) sowie unter anderem eine Bundeswehreinheit, die sich „nicht dienstlich“ im zivilen Bereich befand und standardmäßig Bundeswehr-Einhandmesser (übrigens auch der Firma Victorinox) bei sich führte, die im Rahmen „polizeilicher Maßnahmen“ sichergestellt wurden.

Ich möchte Sie also nicht verunsichern, aber auf diesen Punkt im Waffengesetz hingewiesen haben.

Bei Victorinox finden Sie eine breite Palette an Taschenmessern und können sich genau aussuchen, was Sie alles „an Bord“ haben wollen. Grenzen sind hier nur in der mit jedem Tool zunehmenden Breite des Messers gesetzt. Ansonsten ist für jeden Bedarf etwas zu finden. Es gibt auch die Möglichkeit, über Filter zu seinem Wunschmesser zu finden. Hier können Sie sich selbst ein Bild machen:

https://www.victorinox.com/de/de/Schweizer-Taschenmesser/cms/swissarmyknives-main

Ich trage z. B. ein Taschenmesser, das folgende Tools enthält:

- zwei verschieden große Klingen, zum groben und feinen Arbeiten
- einen breiten Schraubendreher inkl. Flaschenöffner (Kapselheber)
- einen schmalen Schraubendreher inkl. Büchsenöffner
- eine stabile Zange mit Federmechanismus
- eine Schere mit Federmechanismus
- eine Raspel/Feile mit unterschiedlicher Struktur auf der jeweiligen Seite und kleiner Säge
- eine stabile, doppelt verzahnte Säge
- einen Korkenzieher, in dem ein Brillenschraubendreher eingefasst ist
- einen kleinen Stechbeitel
- eine Stech-Reib-Ahle
- einen Haken zum Heben von Paketschnüren etc.
- einen Zahnstocher

Mein Victorinox misst 2,5 cm x 2,5 cm x 9,0 cm und wiegt 152 g – ein Gewicht, das ich in einer Bauchtasche ständig bei mir führe und das auch für den Transport in einer Gürteltasche geeignet ist.

Es geht aber auch kleiner und schmaler. Jedes Tool, auf das Sie verzichten, mindert das Gewicht und die Größe Ihres EDC-Messers, aber eben auch die Möglichkeiten, es im Notfall einsetzen zu können.

Sie wollen Pilze sammeln? Ein Messer wird Ihnen helfen. Sie wollen einen Drachen mit Ihrem Kind, ein Floß, einen Unterstand oder einen Bogen bauen? Ein Messer wird Ihnen auch dabei helfen.

Wählen Sie gut, sparen Sie nicht an der falschen Stelle und Ihr Messer wird Ihnen lange Zeit ein treuer, nützlicher und wichtiger Begleiter sein.

Die EDC-Lampe

Eine gute Lampe ist der zweite Gegenstand, der in keiner Ausrüstung fehlen sollte. Als EDC haben sich kleine LED-Lampen für den Schlüsselbund oder für bei sich geführte Taschen bewährt. Sie bieten, trotz ihrer kleinen Bauweise, mittlerweile eine beachtliche Lichtausbeute, haben oft mehrere Leistungsstufen und sind in Metallausführung sehr robust.

Ich empfehle eine Lampe mit mehreren Stufen, damit Sie für verschiedene Bedingungen, Leuchtweiten und Einsatzgebiete gerüstet sind und zusätzlich – und das ist ein nicht zu unterschätzender Punkt – die Batterie oder den Akku schonen können. Spätestens, wenn Sie Licht unbedingt brauchen und die Batterie langsam zur Neige geht, werden Sie froh sein, wenn Sie die Lampe auf eine kleine Stufe dimmen können.

Ob Batterie oder Akku, ist eine untergeordnete Frage, wenn Sie ein Mikroabenteuer angehen. Für längere Touren sollten Sie sich überlegen, ob Sie eher ein solarbetriebenes Ladegerät oder eine starke Powerbank dabeihaben oder lieber ein bis zwei Ersatzbatterien. Im Idealfall nutzt man unterschiedliche Geräte mit gleichem Batterie- oder Akkutyp, um flexibler zu sein und Ballast zu sparen.

Für Sie als Mikroabenteurer reicht eine volle Batterie in Ihrer EDC-Lampe. Hier ist die Devise, oft den Ladezustand zu testen, denn wer erst draußen bemerkt, dass die Lampe aus Versehen in der Tasche für Dauerbeleuchtung gesorgt hat, merkt es zu spät. Es empfiehlt sich immer, im EDC-Pack eine Ersatzbatterie vorrätig zu halten, aber an erster Stelle steht der regelmäßige Check. Bekannt und gern verwendet sind zum Beispiel Lampen der Hersteller Fenix, Olight, Ledlenser und Nitecore.

Wenn Sie nicht selbst schon Erfahrungen haben, ist ein guter Weg, die Bewertungen auf Amazon nach Sternchenzahl (Zufriedenheit) zu sortieren und sich die Rezensionen der Käufer durchzulesen. Ob Sie diese Plattform dann auch für einen Kauf nutzen, ist eine andere Entscheidung. Darüber hinaus finden Sie Informationen in einschlägigen Outdoor-, Prepper- und Abenteuergruppen im Internet.

Für mich liefern die Erfahrungen der Käufer immer wichtige Erkenntnisse über Haltbarkeit, Leuchtdauer, Leuchtkraft und – auch sehr wichtig – über die Abwicklung eventueller Servicefälle.

Auch hier, wie im gesamten Bereich „Ausrüstung“, gilt: Sparen Sie nicht an der falschen Stelle, wenn Ihre Nacht, das Gelingen Ihres Vorhabens und möglicherweise Ihr Leben davon abhängen können.

Eine abgebrochene Klinge oder eine ausgefallene Lampe in der Nacht, beim Bau eines Unterstandes im Regen, können mehr als nur „ärgerlich“ sein.

DAS EDC-PACK

Das kleine „Das-Wichtigste-dabei“-Pack

Ein Griff und Sie können starten, so ist es gedacht. Nicht nur beim Aufbruch zu einem spontanen Mikroabenteuer. Denken wir zum Beispiel an die schlimmen Bilder der Überschwemmungen im Ahrtal 2021 und an die unzähligen freiwilligen und uneigennützigen Helfer zurück, sehen wir, wozu so ein bereitgehaltener persönlicher EDC-Pack im Notfall gut sein kann. Wenn keine Zeit mehr zum geplanten Packen ist und es sofort losgehen muss, kann ein durchdachter EDC-Pack das Wichtigste für Sie sein.

Bei Ihrem Pack für den schnellen Zugriff als Mikroabenteurer hängt die Wahl mehr von Ihren persönlichen Vorlieben oder schon vorhandenem Equipment und weniger von der Theorie ab. Notfälle, wie oben beschrieben, können vorkommen und vielleicht finden Sie einmal Zeit und Muße, sich auch dafür etwas bereitzulegen. Hier aber soll es in erster Linie um Sie als Mikroabenteurer gehen.

Vielleicht haben Sie schon ein Outdoor- oder Freizeitbehältnis, das Sie als EDC-Pack nutzen können. Eine Tasche, die Sie sonst an Ihrem großen Rucksack befestigen, ein handliches Behältnis, das robust und nicht zu groß ist. Beispielsweise eine alte Kameratasche zum Umhängen oder eine größere Bauchtasche, aber auch ein ausgewählter Neukauf kommen infrage. Wichtig ist, dass Sie die Tasche gut tragen können, ohne sich bei Ihrem

Mikroabenteuer zu sehr zu belasten, dass sie wetterfest ist und dass alle Gegenstände geordnet hineinpassen, die Sie mit einem Griff bereit haben wollen.

Ob das nun eine Bauchtasche, ein Daybag, also ein „Tagesrucksack", oder etwas dazwischen ist, richtet sich nach Ihren Vorlieben und wird sich im Laufe Ihres Abenteurerlebens sicher ändern.

Der Inhalt

Was gehört in so ein EDC-Pack hinein? Diese Frage kann nicht allgemeingültig beantwortet werden. Es hängt von Ihren Bedürfnissen, Möglichkeiten, Vorhaben und Erfahrungen ab. Stellen Sie sich z. B. folgende Fragen:

Wie sieht mein nächstes oder auch mein „Standard-Abenteuer" aus? Findet es eher in der Stadt statt? Ohne Übernachtung? Dann reicht in der Regel, was man direkt am Körper trägt (EDC-Tools), eine Bauchtasche oder ein anderes kleines Behältnis. Oder geht es in den Wald? Dann sollte schon etwas mehr verfügbar sein. Je nach Vorhaben, z. B. Wanderung oder Skills-Training, sind hier die Anforderungen unterschiedlich. Geht es aufs Wasser, muss auch hier der Bedarf genau überdacht und angepasst werden.

Sind Ihre Kurzabenteuer in der Regel geplant oder spontan? Bereiten Sie sich also gedanklich auf ein Abenteuer vor und nur der Zeitpunkt ist offen, oder geht es einfach los, wenn Ihnen danach ist? Für beide Varianten werden Sie unterschiedlich viel bereithalten und mit einem Griff mitnehmen.

Wie groß ist Ihr Pack? Wollen Sie immer schon etwas mehr zur Sicherheit griffbereit haben oder nur das absolut Notwendigste? Sind Sie eher der Improvisierer oder tun Sie sich schwer damit?

Sie sehen, viel hängt von Ihren Ambitionen, Ihrer Mentalität, Ihren Erfahrungen und Vorhaben ab, die es bei der Entscheidungsfindung einzubeziehen gilt.

Ich schildere Ihnen einmal, was ich in meinen EDC-Packs mitführe. Manchmal ist es etwas mehr, ein anderes Mal etwas weniger, je nachdem, was ansteht. Für das absolut Spontane ist die Ausstattung minimalistischer – für geplante Unternehmungen schon etwas umfangreicher.

Mein EDC-Pack:

- Erste-Hilfe-Pack (inklusive einer Rettungsdecke!)
- Schmerzmittel
- Feuerstarter
- Tampon
- Kondom
- Ersatzbatterien
- Kugelschreiber
- ein wenig Papier

Ergänzend:

- Wasserfilter
- Kohletabletten
- ein feststehendes Messer oder Klappmesser mit einer stabilen Klinge
- Lampe (leistungsstark und größer als die Schlüsselanhängerlampe)
- Powerbank (in der Kapazität angepasst an meinen Verbrauch)
- Batterien
- einen kleinen Weltempfänger (bei größeren Vorhaben)
- Signalpfeife
- Sternzwirn und Nadel

Man kann diese Liste je nach Größe des Packs und den Erfordernissen beliebig erweitern, z. B. durch:

- kleines Besteckset
- Handwäsche
- Paracord (ein wirklich vielseitig einsetzbares Seil und Survival-Klassiker)
- einen kleinen Hobo-Ofen zum Zusammenstecken

Probieren Sie aus, was in Ihren EDC-Pack passt, wie schwer er wird, und entscheiden Sie dann, was Sie unbedingt dabeihaben wollen und worauf Sie eventuell verzichten können. Sie werden im Laufe der Zeit ohnehin immer wieder Veränderungen vornehmen.

DER RUCKSACK

An einem guten Rucksack sollten Sie nicht sparen. Nicht bei einem Tagestrip in eine Stadt und erst recht nicht, wenn Ihr Abenteuer über längere Strecken geht, das Wetter nicht absehbar ist (Sie sollten sowieso immer mit umschlagendem Wetter rechnen), eine Übernachtung auf dem Plan steht oder im Bereich des Möglichen liegt.

So, wie schlechte Schuhe reiben, Blasen verursachen und den Fuß schmerzen lassen, kann der falsche Rucksack Ihnen den Rücken ruinieren, die Muskeln verkrampfen und die Schultern schmerzen lassen. Ist er zu groß gewählt, nehmen Sie regelmäßig zu viel mit, ist er zu klein, werden Sie ihn verfluchen.

Dringt Wasser ein, werden Ihre Sachen nass, Sie werden frieren und Ihre Stimmung wird sinken. Der falsche Innenaufbau und zu wenige Taschen und Sie werden suchen, suchen, suchen. Und meist brauchen Sie die Dinge immer dann, wenn wenig Zeit ist und sie, natürlich, ganz unten liegen.

Am besten lassen Sie sich in einem guten Geschäft beraten und schildern dem geschulten Personal Ihr geplantes Einsatzgebiet. Setzen Sie den Rucksack auf, lassen Sie sich etwas Gewicht hineingeben und laufen Sie eine Weile damit herum. Wenn es jetzt schon zieht und drückt, ist es der Falsche.

Der richtige Rucksack kann auch schwer beladen einen guten Tragekomfort haben, man muss ihn nur sorgsam auswählen.

Das Material sollte wasserdicht sein, strapazierfähig und zugleich nicht zu schwer. Von Jäger- oder Gebirgsrucksäcken (oft als Bundeswehrrucksack angeboten) bin ich bei Regen nicht begeistert; ich würde zu einem anderen Material greifen. Die Tragegurte sollten weich auf den Schultern liegen, ein Beckengurt das Gewicht vom Rücken auf das Becken verteilen. Wenn man den Rucksack vorn mit einem Brustgurt fixieren kann, läuft es sich leichter und man kann das Tempo erhöhen, ohne dass das Gewicht auf dem Rücken hin- und hergeworfen wird.

Qualitätsunterschiede gibt es auch bei den eingesetzten Reißverschlüssen und Steckverbindungen zu beachten. Es ist ärgerlich, wenn bei einem Rucksack nach kurzer Zeit die Reißverschlüsse schwergängig werden oder gar ganz versagen. Dieses Risiko kann man durch hochwertige Materialien minimieren, aber das hat seinen Preis. Hier müssen Sie selbst Ihren Kompromiss zwischen „gewünscht“ und „bezahlbar“ finden. Eine Beratung vor Ort ist immer ein guter Weg. Für den Einstieg reicht sicher auch ein Rucksack, mit dem viele Käufer zufrieden sind und dies in Rezensionen auf den entsprechenden Plattformen auch ausführlich beschreiben.

Ich habe vor Jahrzehnten einmal – untypisch für mich in der damaligen Zeit – etwas mehr Geld als eigentlich geplant in einen North-Face-Rucksack investiert. Ich erinnere mich noch heute an mein „Zwiebelportemonnaie“ (mir kamen die Tränen, als ich hineinschaute) von damals, aber was soll ich sagen, ich habe ihn heute noch und das ohne jegliche Probleme mit Reißverschlüssen, Nähten oder anderem. Ich habe danach noch einige Rucksäcke gekauft, aber dieser hat sie alle überlebt.

DER SCHLAFSACK

Es gibt sie, die ganz Harten, die Naturburschen und -frauen, die sich ihren Unterstand bauen, ihr Waldläuferbett, und sich mit den Materialien zudecken, die ihnen der Wald bietet. Ohne Isomatte, ohne Schlafsack, die Wärme eines heißen Tees oder warmer Gedanken tankend.

Wenn Sie noch nicht so weit sind oder das auch gar nicht wollen, ist ein Schlafsack kein verschenktes Geld, egal, ob für das Zelten mit den Kindern im Garten oder für die Übernachtung nach einem Wandertag oder einer Wasserwanderung.

Man bekommt sie von preisgünstig bei Angeboten im Discounter über das Mittelpreissegment bis hin zum Hightech-Schlafsack, der Sie bis zu den tiefsten Minusgraden warmhält und auch noch die Feuchtigkeit des Körpers nach außen transportiert. Es ist, wie in den meisten Fällen, eine Frage des Preises.

Sie finden Sommerschlafsäcke, Winterschlafsäcke, 3-Jahreszeiten-Schlafsäcke, 4-Jahreszeiten-Schlafsäcke (Ganzjahresschlafsäcke), Expeditionsschlafsäcke, Schlafsäcke mit Daunenfüllung oder Kunstfasern, mit Reißverschluss links oder rechts, in allen möglichen Größen usw.

Sie sollten sich beim Kauf eines Ihren Ansprüchen und Einsatzgebieten entsprechenden Schlafsacks intensiv mit der Materie auseinandersetzen. Die Schränke der Outdoorfans sind voller Schlafsäcke, auch vieler Fehlkäufe: zu kalt, zu dünn, zu warm, zu dick, nicht atmungsaktiv, zu groß und schwer, Kältebrücken an Nähten und Reißverschlüssen, starke Verminderung der Dämmung am Auflagepunkt des Körpers, um nur einige Probleme zu benennen.

Belesen Sie sich, steigen Sie eventuell klein ein und machen Sie Ihre Erfahrungen. Für den Garten oder für eine Nacht in einer geschützten Ecke, bei ungefährlichen Temperaturen, reicht für den Einstieg auch ein Schlafsack vom Discounter. Aber wenn Sie größere Unternehmungen planen, sollte etwas Hochwertigeres, der Passende, her.

Sie werden auch vor folgender Wahl stehen: Daunen- oder Kunstfaserfüllung. Die Entscheidung hat Auswirkungen auf das Gewicht, die mögliche Packgröße, den Umgang mit Verdunstungsfeuchtigkeit (Ihres Körpers) und Ihren Geldbeutel.

Daunen

Die Daunen stammen von Enten oder Gänsen und bieten ein unübertroffen gutes Verhältnis von Gewicht zu Wärmevermögen. Sie haben auch einen angenehmen Feuchtigkeitstransport. Dafür verlieren sie ihre positiven Eigenschaften, wenn sie nass werden, ziehen Feuchtigkeit sogar an und trocknen schlecht. Ihr Körper verdunstet pro Nacht schon einmal 1,5–2 Liter Wasser. Sie sollten also auch darauf achtgeben, in Ihrem Schlafsack nicht zu schwitzen.

Kunstfasern

Kunstfasern wärmen auch noch, wenn sie feucht sind. Man spricht von bis zu 70 % Wärmeleistung, darauf verlassen würde ich mich nicht. Aber Kunstfasern nehmen Feuchtigkeit kaum auf und trocknen schnell wieder. Dafür sind sie schwerer, weniger komprimierbar und wärmen nicht so schnell wie Daunen.

Jedoch sollten Sie, wann immer möglich, nicht ausgekühlt in den Schlafsack kriechen. Egal, ob Daune oder Kunstfaser: Ihr Schlafsack produziert keine Wärme, er wirkt wie eine Thermoskanne und ist von Ihrer mitgebrachten Körperwärme abhängig, die er nur so gut wie möglich hält. Das heißt, Sie müssen Ihren Schlafsack wärmen und er hält die Wärme. Eine Flasche mit warmem Wasser oder Tee hilft in kalten Jahreszeiten als „Wärmflasche“ ungemein.

Jahreszeiten

Ob Sie sich für einen für eine oder mehrere Jahreszeiten optimierten Schlafsack entscheiden, sollten Sie nach Ihren Einsatzzeiten und weiterer Recherche entscheiden.

Wer nur in warmen Nächten draußen bleibt, braucht keinen Schlafsack, der bis an den Gefrierpunkt oder darunter wärmt. Schnell schwitzt man dann, wird nass und friert in der Nacht durch die Verdunstungskälte.

Wer einen leichten Schlafsack für den Sommer hat, kann sich für die kältere Zeit einen Mehrzeiten-Schlafsack zulegen, der alle Bedürfnisse abdeckt. Es bleibt immer ein Kompromiss aus Geld – Gewicht – Packgröße – Wärmeverhalten. Wollen Sie auch im Winter einmal den Naturgewalten trotzen, werden Sie sich eher einen guten, aber eben auch entsprechend teuren Schlafsack für diese tiefen Temperaturen zulegen, den Sie aber den Rest des Jahres nicht mit sich „herumschleppen" wollen.

Ich empfehle die Kombination aus einem Einstiegsschlafsack für hohe Temperaturen und einem Schlafsack, mit dem sich auch Temperaturen bis vielleicht acht Grad aushalten lassen. Mit entsprechender Kleidung kann man zusätzliche Isolation schaffen.

Für niedrigere Temperaturen würde ich dann lieber auf die sichere Seite gehen und in einen richtig warmen Schlafsack investieren, der notfalls das Überleben sichert. Ein Schlafsack, gerade für winterliche Temperaturen, sollte immer im Zusammenhang mit einer Isomatte gesehen werden. Um es anders zu sagen: Eine Isomatte ist Pflicht. Die Temperaturangaben auf Schlafsäcken sind nicht genormt bzw. werden von unterschiedlichen Herstellern nicht einheitlich gewertet. Verlassen Sie sich also bitte nicht auf die angegebenen Temperaturen, fragen Sie lieber einen Fachverkäufer.

Sie werden bei Ihrer Recherche u. a. die Begriffe Komfortbereich, Übergangsbereich und Risikobereich lesen. Unterschiedliche Personen reagieren bedingt durch Gewicht und variierende Wärmeabgabe ihrer Muskeltätigkeit individuell. Mancher hat immer viel Energie und neigt nicht so schnell zum Frieren, andere sind eher Frostbeulen und benötigen unter denselben Bedingungen mehr Isolation, um mit ihrer Körperwärme und somit auch mit ihrer Energie haushalten zu können.

Ein Tipp für den Anfang: Beachten Sie bei Ihrem Kauf nur den Komfortbereich und schauen Sie vielleicht noch ein wenig auf den Übergangsbereich. Den Risikobereich beziehen Sie nicht in Ihre Kaufentscheidung mit ein und lassen ihn getrost außer Acht. Sie wollen ja nicht zusammengerollt „überleben", Sie wollen, soweit möglich, angenehm schlafen.

DIE ISOMATTE

Eine Isomatte, Thermomatte, Luftmatratze, Schaummatte oder auch nur eine zusammengelegte Plane ist ein wichtiges Schlafzubehör.

Einerseits schützen die genannten Unterlagen nicht nur unseren Po vor Pain, sondern auch unseren Schlafsack vor Steinen oder spitzen Gegenständen und damit vor Beschädigung. Zum anderen stellen sie eine zusätzliche Wärmeisolation dar. Sie können natürlich auch ohne einen Schlafsack genutzt werden und uns eine schützende Unterlage bieten.

Ein Schlafsack hat an den durch unser Körpergewicht komprimierten Stellen eine geringere Isolationsleistung, bis hin zu möglichen Kältebrücken, also Stellen, an denen die Kälte fast ungehindert eindringen kann. Dazu gehören zum Beispiel auch nicht abgedeckte Reißverschlüsse, dünne Fußteile, offene Kragen usw.

Nicht zu vernachlässigen ist der Schlafkomfort, der durch eine entsprechende Matte enorm steigen wird. Auch hier gibt es mehrere Möglichkeiten mit unterschiedlichen Packmaßen, Isolationsleistungen und sonstigen Eigenschaften.

Die Isomatte ist eine „Isoliermatte" und es gibt sie in verschiedenen Ausführungen. Eine Aussage über den Isolierungsgrad trifft der R-Wert. Im Folgenden sehen Sie, für welchen Bereich die jeweiligen Modelle geeignet sind.

R-Wert	Temperaturbereich	Einsatz
0	bis +15 °C	reine Sommermatten
1	bis +7 °C	Sommer und warme Frühlings- bzw. Herbstnächte
2	bis +2 °C	3-Jahreszeiten-Matten ohne Bodenfrost
3	bis −5 °C	3-Jahreszeiten-Matten bis in den milden Winter hinein
4	bis −11 °C	4-Jahreszeiten-Matten, bereits wintertauglich
5	bis −17 °C	wintertauglich
6	bis −24 °C	wintertauglich, insbesondere für hochalpine Touren
7	bis −32 °C	wintertauglich, Expeditionen, hochalpin etc.
8	bis −38 °C	Extrem-Expeditionen
9	bis −45 °C	Extrem-Expeditionen, in Europa selten benötigt
10	bis −50 °C	Extrem-Expeditionen

Quelle: https://www.outdoortrends.de/stammtisch/wissenswertes/r-wert/

Die Schaumstoffmatte stellt eine sehr leichte Unterlage dar, lässt sich zusammenrollen oder -klappen, hat aber ihre entsprechende Packbreite. Sie bietet in der Regel keinen hohen Komfort und ist eher für Minimalisten geeignet. Sie ist relativ preisgünstig, aber mit etwas mehr Komfort auch höherpreisig erhältlich.

Es gibt sie als Evazote- und PE-Isomatten, mit entsprechenden Vor- und Nachteilen. Die PE ist leichter, stabiler und komfortabler, hat aber eine geringere Isolation und liegt sich mit der Zeit „platt“. Gerade die günstigeren Matten werden Sie nicht lange haben. Wenn Sie eine Schaumstoffmatte interessiert, lassen Sie sich dazu bitte beraten, belesen Sie sich weiter oder Sie geben gleich der Evazote den Vortritt. Bei der „klassischen“ Isomatte handelt es sich um eine reine Schaumstoffmatte.

Die selbst aufblasende Isomatte oder auch Thermomatte ist schwerer und teurer als eine Schaumstoffmatte. Dafür isoliert sie stärker als diese und bietet deutlich mehr Komfort. Sie lässt sich leicht zusammenrollen und zu einem kleineren Packmaß komprimieren.

Meine „KLYMIT Insulated Static V Luxe“ zum Beispiel hat einen R-Wert von 5 und trotz ihrer beachtlichen Größe von 193 cm x 76,2 cm und einer Dicke von 7,6 cm nur ein Packmaß von 27 cm x 13 cm bei einem Gewicht von 992 g. Ich würde sie allerdings nicht zu den selbst aufblasenden Isomatten zählen, da ihr eine beachtliche Menge Luft extern zugeführt werden muss, ähnlich einer normalen Luftmatratze. Dafür besitzt sie aber auch das extrem kleine Packmaß.

Selbst aufblasende Isomatten blasen sich nicht wirklich selbst auf, sondern der eingeschlossene PU-Schaum breitet sich bei geöffnetem Ventil aus. Sie können dann selbst einen geringen Rest bis zur gewünschten Härte zuführen, was die Arbeit sehr erleichtert und Feuchtigkeit im Inneren minimiert, die bei Temperaturen unter dem Gefrierpunkt die Matte von innen zerstören kann. Manche Matten bieten einen Packbeutel, den man als Luftpumpe nutzen kann, andere haben eine Pumpe zum Drücken integriert.

Therm-A-Rest und Exped sind zwei gern verwendete Marken unter Fortgeschrittenen. Ich persönlich hatte zwei Exped und schlafe nun auf der oben erwähnten Klymit. Die Exped waren weicher und angenehmer, die Klymit besticht durch geringes Gewicht und kompakte Packgröße.

Thermomatten können, wie z. B. bei Exped, zusätzlich mit Daunen oder Kunstfasern gefüllt sein.

> Bei der Thermomatte wie bei der Schaummatte gilt: Je dicker sie sind, desto höher ist der Schlafkomfort, aber eben auch das Packmaß.

Luftmatratzen im herkömmlichen Sinn spielen in diesem Bereich meist keine Rolle und bleiben dem Zelten oder dem Abenteuer im Garten vorbehalten. Packmaß und Gewicht stehen in keinem verträglichen Verhältnis für einen Mikroabenteurer. Hier ist die Thermomatte weit überlegen und besser geeignet. Allerdings laufen die aufblasbaren Isomatten in den Verkaufsangeboten überwiegend unter der Bezeichnung „Luftmatratzen".

PLANE, TARP & PONCHO

Eine einfache Baumarktplane für den Anfang, ein Tarp mit seinen unzähligen Möglichkeiten oder auch ein vielfältig einsetzbarer Poncho stellen eine nützliche Ergänzung Ihrer Ausstattung dar.

Wenn es darum geht, trocken zu bleiben, einen Windschutz (auch für ein mögliches Feuer) aufzubauen, ein nach unten isoliertes Nachtlager aufzuschlagen und dieses auch gegen Wasser von oben zu schützen – mit einem der oben genannten Ausrüstungsgegenstände sind Sie gerüstet und diese müssen nicht teuer sein. Für den Anfang tut es eine billige Baumarktplane, mit der Sie erste Erfahrungen sammeln können.

Später werden Sie sich vielleicht ein Tarp nach Ihren Vorlieben kaufen. Es gibt sie in unterschiedlichen Größen, Formen (nicht alle sind viereckig) und mit unterschiedlich vielen Abspannpunkten. Da sich mit einem Tarp auch ein Zelt nachbauen lässt, sollten Sie sich vor dem Kauf mit den Tipps zum Bau verschiedener Unterkünfte auseinandersetzen. Ich werde Ihnen einige Möglichkeiten vorstellen, die Sie nachbauen können. Schon beim Lesen werden Sie sich eventuell eine Vorstellung davon machen können, welches Tarp für Sie infrage kommt.

Ein sehr vielfältiges Utensil stellt auch der Poncho dar. Als Tipp schon einmal vorweg: Wenn Sie mehr als nur trocken bleiben wollen, lohnt sich ein Bundeswehrponcho aus Altbeständen. Sie werden damit ein Tipi bauen können, ihn als Windschutz für das Lager einsetzen und notfalls darin sogar wie in einer Hängematte ruhen können. Seien Sie gespannt.

Eine Baumarktplane ist günstig zu bekommen, liegt vielleicht schon in Ihrer Garage oder in Ihrem Garten herum und ist in verschiedenen Größen und Qualitäten verfügbar.

Im Wald haben Sie dann mit der Farbe Grün schon einmal eine getarnte Plane, die auch wasserfest ist. Für den großen Sturm ist sie in der Regel aufgrund der einfachen Ösen nicht geeignet, für den Anfang reicht sie jedoch allemal. Außerdem lassen sich mit ihr sehr gut Gepäck und Kleidung trocken über ein Gewässer bringen.

Ein Tarp ist nichts anderes als eine beschichtete Plane, speziell für den Einsatz im Outdoorbereich gedacht.

Sie können es in verschiedenen Abmessungen, Gewichtsklassen, Farben, Formen usw. kaufen. Tarps gibt es quadratisch, rechteckig, trapezförmig und mit unterschiedlich vielen und verteilten Abspannpunkten. Manche bieten diese nur an den Seitenrändern, andere auch in der Mittelnaht, sodass Sie das Tarp auch mittig nach oben abspannen und so auf eine Stütze im Aufenthaltsbereich verzichten können. Suchen Sie zum Beispiel nach einem DD-Tarp von DD-Hammock. Mir leistet es seit Jahren gute Dienste.

Einen Poncho können Sie vielfältig einsetzen. Vielleicht kennen Sie seine vor Regen schützenden Eigenschaften bereits vom Fahrradfahren oder von anderen Aktivitäten. Aber ein strapazierfähiger Poncho kann noch viel mehr. Wenn Sie Fahrrad fahren, Pilze sammeln oder zum Wandern gehen, werden Sie den Fokus eher auf ein geringes Gewicht Ihres Ponchos legen. Wenn er Ihnen aber gleichzeitig Unterlage oder Dach ersetzen soll und Sie damit ein Tarp oder eine Matte zu Hause lassen können, kann auch ein etwas schwererer Poncho ein guter Kompromiss sein.

Zu den unterschiedlichen Einsatzmöglichkeiten erfahren Sie im zweiten Teil des Buches mehr.

Schauen Sie doch einmal nach einem gebrauchten Bundeswehr-Poncho, diesen schätzen viele als besonders strapazierfähig. Die ersten Modelle hatten noch eine PU-Beschichtung und gelten als nahezu unzerstörbar, was man sich allerdings durch ein höheres Tragegewicht erkauft.

WASSERBEHÄLTNIS

Es ist eine allgemein bekannte Tatsache, dass vom Wasserhaushalt in Ihrem Körper Ihr Überleben abhängen kann. Sie werden eine ganze Weile ohne Essen auskommen, zum Beispiel, wenn Sie einmal in den Wald gehen und unerwartet die Nacht dort verbringen müssen, Sie eine Wanderung unternehmen und das nächste Dorf zu weit entfernt ist, sodass Sie über Nacht lagern müssen, oder in anderen nicht geplanten Situationen. Aber wenn Ihnen bei Hitze das Wasser ausgeht, kommen Sie schnell an Ihre Grenzen.

Ich bin z. B. ein Mensch, der ohne Essensreserve schon einmal leicht unruhig wird. Aber die Erfahrung, einmal ausgetrocknet und durstig wie ein großes Säugetier ohne Wasser dagestanden zu haben, möchte ich nicht wieder machen. Panik wäre das richtige Wort, um die damaligen Gefühle zu beschreiben, auch wenn Panik kein guter Ratgeber und Begleiter ist. Wassermangel ist eine große Gefahr, wenn er nicht schnell ausgeglichen wird. Also denken Sie immer an die Wasserversorgung auf Ihren Abenteuern.

Dies kann eine **Flasche** sein, deren Größe Sie im Verhältnis zur Zeit der angedachten Aktivität wählen. Wenn Sie auf Ihrem Abenteuer neues Wasser aufnehmen können, reicht ein kleiner Behälter, wenn diese Möglichkeit nicht gegeben ist, greifen Sie gleich zu etwas Größerem.

Eine Alternative für den Rucksack stellen **Trinkblasen** dar. Diese gibt es ebenfalls in verschiedenen Größen. Man kann sie im Rucksack, senkrecht am Rückenteil im Inneren, tragen und über einen Schlauch trinken, ohne den Rucksack absetzen oder umpacken zu müssen. Auch kann so das Gewicht gut auf die Hüften verteilt werden.

Trinkblasen haben ein großes Fassungsvermögen im Verhältnis zu ihrer Dicke, da sich der Inhalt großflächig verteilt.

Ich sehe die Trinkblase bei längeren Märschen im Vorteil und immer dort, wo es nur um die Wasserversorgung geht. Wenn es in den Wald geht, ins Gelände, auf Wasserfahrt, speziell, wenn Übernachtungen und ein Lager anstehen, greife ich lieber zu einer entsprechenden Trinkflasche.

In eine Trinkflasche aus dem richtigen Material kann ich auch Tee oder heißes Wasser für den Schlafsack einfüllen. Selbst ein Glühwein wird ihr nichts anhaben und ich kann sie eventuell sogar direkt über einer Wärmequelle erhitzen. Diese Möglichkeiten bleiben der Trinkblase verwehrt. Man kann aber auch beides mitführen.

WASSERFILTER

Egal, ob als Ausrüstung für den Notfall oder um im Rahmen eines Kurzabenteuers sein Grundlagenwissen und seine Skills zu erweitern, ein Wasserfilter ist eine gute Investition.

Mit einem Wasserfilter sind Sie in der Lage, Wasser aus verschiedenen Quellen für sich trinkbar zu machen. Wir werden uns hier anschauen, wie man Wasserfilter aus Naturmaterialien selbst herstellen kann, aber auch ein Kauf ist nicht umsonst.

Selbst auf einer Urlaubsreise mit einem Schiff hatte ich einen kleinen UV-Filter dabei, für den Fall, dass ich Leitungswasser trinken musste oder kein Wasser aus der Flasche zum Zähneputzen zur Verfügung stand. Es gibt Gegenden, in denen möchte man kein Wasser in den Mund nehmen, das nicht aus einer verschlossenen Flasche kommt, um sich nicht eventuell „Montezumas Rache“ auszusetzen.

Wasserfilter gibt es in verschiedenen Systemen und Größen, für den direkten Gebrauch beim Trinken oder zur Gewinnung größerer Mengen gefilterten Wassers.

Eines sollten Sie wissen: Jeder Filter ist nur so gut wie sein Innenleben und seine kleinsten Filterstufen.

Es gibt verschiedene Verunreinigungen chemischer und organischer Art. Pestizide, Düngemittel, Abwässer, kurz: alles Mögliche, was die Zivilisation und menschliche Ansiedlungen mit sich bringen. Aber auch Bakterien, Viren, Protozoen und Parasiten haben im Wasser ihren Lebensraum. Nicht jede Filtergröße filtert auch die kleinsten Teilchen aus und klares gefiltertes Wasser muss nicht automatisch ungestraft trinkbar sein. Das Abkochen von Wasser ist zusätzlich immer zu empfehlen, um es genießbar zu machen.

Einige Tipps zur Wasserentnahme:

- so nah wie möglich an der Quelle entnehmen
- wenn möglich vor Ansiedlungen, Industrie usw. entnehmen, anstatt dahinter
- in der Nähe landwirtschaftlicher Nutzung kein Wasser entnehmen
- stehendes Gewässer meiden, lieber schnell fließendes Wasser nehmen
- die kältere Wasserschicht bevorzugen
- klares Wasser (trübe Gewässer sind Herde von „Leben“)
- sandigen und steinigen Boden bevorzugen, schlammigen meiden
- Algen und Brennnesseln sind ein Zeichen für belastetes Wasser
- Fische deuten auf eine bessere Wasserqualität hin

Ich rate Ihnen für die Trinkwassergewinnung:

- Reinigen Sie Ihr Wasser von den gröbsten Schwebeteilchen, wenn Sie Ihren Filter schonen wollen (Taschentuch, Schal, Socke oder dergleichen).
- Kochen Sie Ihr Wasser min. 10 Minuten ab. Chemische Verunreinigungen bleiben auch dann bestehen.
- Alternativ zum Abkochen können Sie chemische Mittel auf Chlorbasis nutzen (Chlortabletten), aber beachten Sie, dass Viren und Protozoen damit nicht zuverlässig abgetötet werden.
- Filtern Sie Ihr Wasser. Schwebestoffe werden dabei ebenso entfernt wie Bakterien und Protozoen.

Keramikfilter filtern die größeren Partikel, Viren und Bakterien können diese Filter aber unter Umständen passieren.

Aktivkohlefilter können Pestizide usw. aufnehmen und bestimmte Keime zurückhalten. Sie können auch den Geschmack verbessern, zum Beispiel bei gechlortem Wasser im Urlaub.

UV-Filter töten Mikroorganismen, indem sie ihre DNA zerstören.

Wenn Sie die Angaben zur Filterleistung und zu den Porengrößen lesen, sollten Sie wissen:

- Viren haben eine Größe von 0,02 bis 0,2 Mikrometern, womit gute Filter mittlerweile fertig werden.
- Bakterien sind mit 0,2–5 Mikrometern die nächstgrößeren Wesen.
- Protozoen mit 1–15 Mikrometern sind von jedem Filter entfernbar.

Auf Reisen habe ich einen **SteriPEN** im Gepäck, den ich mit vier AA-Batterien betreibe. Zum Wandern oder für kleine Touren befindet sich ein *SAWYER Mini-Filter* in meinem Rucksack, mit dem ich auch einmal direkt über das Mundstück aus einer sauberen Quelle, einer Flasche oder dergleichen gefiltertes Wasser trinken kann. Und für größere Aufgaben liegt ein *KATADYN Vario* bereit, der direkt auf eine Weithalsflasche passt und über zwei Kolben in der Druck- und Zugbewegung eines Hebels Wasser fördert und durch seine Schichten drückt.

FEUERSTARTER

Ein Feuerstarter, egal welcher Art, sollte bei jedem Abenteuer mit Übernachtung im EDC-Pack vorhanden sein. Sie werden später einige Tipps lesen, wie man mit den unterschiedlichsten Mitteln ein Feuer entfachen kann.

Man kann ein Mikroabenteuer auf die unterschiedlichsten Arten aussuchen, angehen und erleben. Nicht jeder hat ein Überleben in der Wildnis oder in Notfallsituationen mit auf seiner Agenda. Aber wenn Sie Mikroabenteuer im Wald erleben möchten oder auch nur Ihre Kenntnisse für den „Fall der Fälle“ erweitern wollen, kommen Sie am Entfachen eines Feuers nicht vorbei.

Ein Feuer wärmt und schützt uns so vor einer ersten großen Gefahr in einer Überlebenssituation. Darüber hinaus ist ein Feuer seit Menschen Gedenken eine große psychische Komponente, wenn es um das Weiterleben Wollen und die Kraft dazu geht. Feuer gibt Schutz und Vertrauen, es strahlt Wärme und Zuversicht aus. Ihr Überlebenswille kann also mit einem Feuer steigen und ohne es schwinden.

Dann haben wir noch die Möglichkeit, mit einem Feuer Wasser trinkbar zu machen; ein enorm wichtiger Punkt zum Überleben. Daher gehört das Entfachen eines Feuers neben den Kenntnissen zur Wassergewinnung und -aufbereitung zu den wichtigsten Dingen in Überlebenssituationen und jeder Abenteurer sollte sich Grundkenntnisse darin erarbeiten.

Ein Mikroabenteuer eignet sich vorzüglich dazu, diese Skills zu erarbeiten, auszuprobieren und den Erfolg zu optimieren.

So gehört für mich ein Feuerstarter in jedes EDC-Pack. Für den Anfänger reichen ein Feuerzeug und Kenntnisse über die Feuerentfachung aus. Später werden Sie lernen, wie man mit Steinen, Schlageisen, Feuerbohrern, Gläsern, Flaschen und anderen Mitteln ein Feuer entfachen kann und welcher Hilfsmittel es für ein gutes Glutnest bedarf.

ERSTE-HILFE-SET

Gehen Sie nicht auf Tour ohne eine kleine Erste-Hilfe-Ausstattung. Auf einem Trip durch die Stadt werden Sie immer Hilfe finden, wenn Sie umgeknickt sind, sich in den Finger geschnitten oder Ihr Medikament vergessen haben. Auf Wanderschaft, im Wald oder auf dem Wasser sieht das anders aus und kann schnell gefährlich werden. Ihre persönliche notwendige Medizin sollten Sie immer als Reserve dabeihaben.

Ein Erste-Hilfe-Set aus dem Motorradzubehör ist klein und beinhaltet grundlegende Dinge. Wenn Sie ein Multitool/Messer bei sich haben, kann z. B. die Schere herausgenommen werden. Wenn Sie keine **Pinzette** am Messer haben, sollte eine Zeckenzange im Pack dabei sein. Ein **Schmerzmittel** kann Ihnen helfen, und das nicht nur, wenn der Wein am Abend zuvor schlecht war. Falls es zu einer Verbrennung durch Unachtsamkeit, einen umgeknickten Fuß oder Schlimmerem kommt, kann es durchaus auch einmal notwendig sein, sich bis zum Erreichen der Zivilisation zumindest den ersten Schmerz nehmen zu können. Eine **Erste-Hilfe-Decke** ist Pflicht; sie kann einfach zu viel, als dass wir auf sie verzichten könnten, auch in Anbetracht der Packgröße und Leichtigkeit.

Alles, was Sie bereits in Form anderer Ausrüstungsgegenstände bei sich haben, können Sie aus so einem gekauften Set herausnehmen und durch andere wichtige Dinge ersetzen. Zum Beispiel ein Antihistaminikum, wenn die Mücken einmal zugeschlagen haben. Ein Mittel gegen Mücken und Zecken kann eventuell Arges verhindern. Ob dies das gut wirkende „ANTI

BRUMM“ ist oder eine Einreibung mit Kokosöl/Fett, ist eine persönliche Sache, da gehen die Vorlieben und Einstellungen auseinander. Wenn Sie in einer lauen Nacht an einem Gewässer rasten oder nächtigen, werden Sie es sich danken.

Ein oft vorhandenes „Palästinensertuch“ kann zum Beispiel das Dreieckstuch, ein stabiles Tape im EDC-Pack das beiliegende Klebeband ersetzen.

EIN ZELT

Zelten kann eine wunderbare Sache sein, gerade mit Kindern. Nicht jeder möchte auch über Nacht die Sterne durchgängig über sich haben und sich sämtlichen nachtaktiven Bewohnern der Umgebung ungeschützt aussetzen.

Nicht alle Menschen fühlen sich bei Regen oder Wind im Schutz einer gespannten Plane sicher und wohl. Kurz, es gibt viele Situationen, in denen man sich ein Zelt über dem Kopf wünscht.

Für den Garten und für ein Abenteuer mit den Kindern wird dies ein wenig größer ausfallen können und darf gern auch ein höheres Gewicht haben, da Sie es nicht weit tragen müssen und nach der Nutzung schnell wieder im Schuppen verstauen können. Und wenn es mit dem Auto in die Natur oder auf einen Campingplatz geht, sollte das Gewicht ebenfalls kein Problem darstellen. Wenn Sie Ihr Zelt jedoch im oder am Rucksack mit sich tragen, müssen Gewicht und Packgröße so gering wie möglich gehalten werden.

Für diese Zwecke gibt es kleine, leichte Einmannzelte. Wer es sich leisten kann und möchte, kann bis in den Ultraleichtbereich gehen. Auch dort gibt es ein breites Angebot. Aber ultraleichte Stoffe und Gestänge haben bei gleicher oder besserer Qualität im Vergleich zu „normalen“ Zelten ihren Preis.

Viele Outdoorbegeisterte und Survivalexperten, die regelmäßig auf Tour sind und in der freien Natur übernachten, stellen irgendwann ihr Equipment auf „ultraleicht" um. Egal, ob Zelt, Tarp, Kleidung, Kocher oder Becher, es gibt in allen Bereichen ultraleichte Ausführungen. Es ist beachtlich, was man damit insgesamt an Gewicht einsparen kann. Und ganz nebenbei, was 500–1000 g ausmachen können, wissen Sie erst, wenn Sie sie über viele Kilometer oder Tage tragen mussten. Wer auf dem Gebiet der Mikroabenteuer beginnt und seine erste Tour mit großem Rucksack hinter sich gebracht hat, wird spätestens dann genau wissen, was ich meine. Beim nächsten Mal wird er dann vielleicht einiges zu Hause lassen, dafür andere Dinge zusätzlich dabeihaben, die er vielleicht schmerzlich vermisst hat. Es ist ein ständiger Lern- und Entwicklungsprozess und das ist auch das Schöne und Herausfordernde daran.

Aber kommen wir zu den Zelten zurück. Ich würde, wann immer möglich und von Ihnen zu tragen, zu einem zweiwandigen Zelt raten, denn ein einwandiges Zelt wird über Nacht schnell zur Tropfsteinhöhle. Das ist der Tatsache geschuldet, dass sich die Luftfeuchtigkeit Ihrer Atemluft und der Umgebung als Kondenswasser am Inneren der Zeltwand niederschlägt. Ein kurzer Anstupser an der Zeltwand, ein Stolpern über die Abspannung oder auch nur ein heftiger Windstoß und schon beginnt es, im Zelt zu „regnen".

Einwandzelte sind dicht, aber nicht atmungsaktiv. Bei einem Zweiwandzelt kann die Luft zwischen Außenzelt und Innenzelt zirkulieren, es ist atmungsaktiver, besser zu belüften und das Kondenswasser läuft in der Regel am Inneren der Außenwand herab. Gleichzeitig bekommen Sie durch das eingehängte Innenzelt keinen direkten Kontakt zur Außenwand.

Wann immer möglich, sollten Sie zur optimalen Zirkulation für eine gute Belüftung sorgen, am besten an zwei Stellen. Dies gelingt Ihnen bei Zelten mit zusätzlichem Innenzelt (also zweiwandig) besser.

Ein weiterer Pluspunkt der Zweiwandzelte ist, dass Sie bei vielen Modellen auch nur das Innenzelt nutzen können. Das Außenzelt kann weggelassen oder zum Beispiel hochgerollt werden. Wenn es warm ist, Sie keine Außenhaut benötigen, aber trotzdem den Schutz des atmungsaktiven und

Mücken, Ungeziefer, Blätter usw. abhaltenden Innenzeltes nutzen möchten, ist dies eine flexible und gute Wahl.

Ich habe beispielsweise seit vielen Jahren u. a. ein kleines *Gossamer* von Jack Wolfskin in meinem Bestand, das zwar nicht durch besonders wenig Gewicht und geringe Packgröße besticht, aber mir schon viele schöne Stunden in der Natur beschert hat und in seinem Preis mehr als angemessen war. Speziell an Gewässern bei hoher Mückenpopulation und unerträglich warmen Nachttemperaturen hat es mir schon so manche Schlafstunde gerettet.

Achten Sie bei Ihrem Kauf auch auf eine Apsis. Dies ist ein kleiner Bereich vor dem Ausgang, der noch vom Außenzelt überdacht ist und in dem Sie Ihre Schuhe und andere Sachen trocken und geschützt lagern können.

Von Wurfzelten, die nicht nur ein größeres Packmaß, sondern in der Regel auch keine Apsis haben, würde ich Abstand nehmen. Sie werden gern für Festivals genutzt und sind schnell „aufgebaut" (man muss sie nur in die Luft werfen und das integrierte Gestell richtet das Zelt selbst auf), dafür verzweifeln die meisten am Zusammenlegen. Es ist immer wieder ein Erlebnis, Menschen, z. B. am Strand zu beobachten, die nicht wenig Freizeit dafür aufwenden müssen, ihr Wurfzelt wieder transportfähig zusammenzulegen.

Gegen Wurfzelte spricht für mich darüber hinaus, dass der Eingang, bis auf einige Ausnahmen, ungeschützt ist. Das heißt, wenn Sie den Reißverschluss öffnen, gelangt der Regen sofort ins Innere. Besonders, wenn der Reißverschluss (wie bei diesem Typ üblich) schräg gestellt ist. Ein Wurfzelt ist eher ein Schönwetterzelt mit eingeschränktem Nutzungsvergnügen. Es kann im Garten und bei einigen passenden Gelegenheiten eingesetzt werden, aber als Kauf für den „Rucksack-Abenteurer" fällt es raus.

Auf den Eingangsbereich sollten Sie bei allen Zelten besonders achten. Niedrige Eingänge sind bei schlechtem Wetter ungünstig, wenn Sie sich vor dem endgültigen Herauskriechen nicht hinsetzen und die Schuhe anziehen können, weil Sie alles im Liegen machen müssen. Auch sollte, bei offenem

Eingang, immer noch etwas Schutz gegen Regen vorhanden sein. Nichts ist unangenehmer, als wenn der Regen direkt ins Zelt „drückt" und Sie auf nassen Stellen sitzen oder liegen müssen.

Ich habe einige Einwandzelte in meinem Outdoorschrank und auch diese wurden und werden genutzt. Aber wenn ich damit rechnen muss, dass das Wetter nicht ideal bleibt, nehme ich etwas mehr Gewicht und Größe in Kauf und bin damit auf der sicheren, komfortableren Seite.

Es ist, wie immer, ein Kompromiss und Ihre Entscheidung, auf was Sie mehr Wert legen und womit Sie besser zurechtkommen.

TELEFON/GPS

Heutzutage geht kaum noch jemand ohne Smartphone aus dem Haus. Sosehr sich das Leben mancher Zeitgenossen nur noch nach Facebook und Instagram richtet, in unserem Fall muss das nicht schlecht sein. So haben Sie immer ein nicht zu unterschätzendes Hilfsmittel dabei.

Nicht nur, dass Sie, wenn Sie Netz haben, im Notfall Hilfe rufen können; das Smartphone bietet Ihnen auch die Möglichkeit der Navigation. Seinen Standpunkt zu markieren und sein „Basislager" oder den Weg aus dem Wald zu finden sind nur einige der Vorzüge (mancher Pilzsammler hätte sein Auto sicher viel später wiedergefunden, wenn er nicht das Glück gehabt hätte, zu ihm navigieren zu können).

Ein Smartphone eignet sich auch als Speicher für Informationen. Wie sehen unterschiedliche Pilze aus? Wie war das noch einmal mit dem Tarp-Aufbau? Es kann auch genutzt werden, um einfach nur die eigene Strecke zu tracken (aufzeichnen).

Auch eine gute Wetter-App wird Ihnen helfen und Unwetter rechtzeitig ankündigen. So können Sie sich besser darauf einstellen. Manchmal ist es sinnvoll, abzubrechen, wenn ein Gewitter, Sturm oder viel Regen im Anmarsch sind.

Achten Sie auf einen Ersatzakku bzw. auf eine externe Lademöglichkeit und bei Wassernähe auf einen Wasserschutz. Bei Bootsfahrten eignen sich Behältnisse, die schwimmfähig sind, und sei es durch ein wenig Luft darin. Beim normalen Wandern kann man das Smartphone z. B. in einer durchsichtigen Hülle am Hals tragen.

Für die Stromversorgung bewährt haben sich Powerbanks, also wiederaufladbare Akkus mit Anschlüssen für das Smartphone. Hier sollten Sie darauf achten, dass Ihr Smartphone ein- bis zweimal vollständig geladen werden kann. Das heißt, Sie sollten schauen, welche Kapazität (Ah) der Akku Ihres Smartphones hat und die doppelte Kapazität als Mindestmaß für Ihre Powerbank ansehen. Mit einer Powerbank kann man auch manche Lampen (mit Akku und USB-Anschluss) laden und Radios versorgen. Bei den Angaben diverser Produkte zu günstigsten Konditionen aus Übersee sollten Sie vorsichtig sein. Wenn Sie sich dazu belesen, werden Sie verstehen, warum.

Denken Sie immer daran, von diesen Dingen kann Ihr Heimkommen abhängen.

Wer mag und für wen sich der zusätzliche Kauf lohnt, der ist mit einem GPS-Gerät auf der sicheren Seite. Ich persönlich trage kein zusätzliches Gerät bei mir, da mir mein Smartphone für meine Aktivitäten alles bietet, was ich benötige.

Ich zähle Ihnen hier einmal auf, wofür ich mein Smartphone bei meinen Mikroabenteuern und Outdooraktivitäten nutze:

Wetter-Apps

Als erstes habe ich die App von „wetter.com“ installiert und als großes Widget die Wetteranzeige auf dem Startbildschirm (Homescreen) eingestellt. Hier sehe ich immer den Verlauf, die Ankündigungen und Warnungen für den aktuellen Standort, trage aber auch weitere Orte ein, wenn ich mir verschiedene Ziele offenhalten möchte.

Als zweites nutze ich die App „WarnWetter“ vom Deutschen Wetterdienst. Wetterwarnungen, Karten, verschiedene Monitore (Regen, Nebel, Wolken usw.) – mit dieser App ist alles Mögliche anzeigbar.

Und als dritte App nutze ich „Regen-Alarm OSM Plus“, die mir über ein Icon auf dem Bildschirm immer die aktuelle Regenlage anzeigt und mich entsprechend meiner individuellen Einstellungen warnt. Umkreis, Ausrichtung, Größe der Front usw. sind einstellbar und lassen sich mit etwas Einlernen sehr individuell anpassen. Das integrierte Radar ist ebenfalls in Zeit und Anzahl der Bilder pro Zeiteinheit einstellbar.

Navigations- und Karten-Apps

Für die Fahrzeugnavigation greife ich seit Längerem fast ausschließlich auf „Google-Maps“ zurück, da ich hier kostenlos auch die aktuellen Staus, Baustellen usw. angezeigt bekomme. Früher nutzte ich weitere Apps, die offline mit gespeicherten Karten funktionierten, aber das Kartenmaterial musste immer erneuert und der aktuelle Dienst bezahlt werden.

Als Karten-App (Navigation ist ebenfalls möglich) nutze ich seit vielen Jahren „Locus Map“ in der PRO-Version. Die kostenfreie Version reicht vollkommen, ich wollte mich aber erkenntlich zeigen für die wunderbare Arbeit des Erstellers. Locus Map ist ein vielseitiges Tool. Man kann die Oberfläche individuell gestalten, Offline-Karten herunterladen (ich nutze gern topografische Karten, z. B. von OSM), aber auch auf unzählige Online-Karten zugreifen, wenn Datennetz vorhanden ist. So habe ich die topografische Karte in der Regel als Standard aufgerufen und schaue mir mein Ziel dann näher über die Satellitenansicht von Google-Maps an, die ich im Programm einfach auswähle. So finde ich die schönsten Plätze, was eine andere Karte nicht bieten kann. Locus Map beinhaltet aber auch die Möglichkeit, Tracks zu erstellen, Punkte zu speichern (in eigens festgelegten Kategorien), diese frei zu benennen, Fotos hinzuzufügen und vieles mehr.

Locus Map ist mein ungeschlagener Favorit und meine Empfehlung für Sie.

Übrigens bietet Locus Map auch Geocaching-Funktionen.

Ich habe zusätzlich noch „OsmAnd“ auf dem Smartphone installiert, ebenfalls in der Kaufversion, aber auch hier reicht die kostenlose Version aus. Sie benötigen prinzipiell nur eine der beiden genannten Apps, aber ich nutze OsmAnd gern als Ersatz bzw. nebenbei für andere Aktivitäten. Es lohnt sich, auch diese App einmal anzuschauen.

Darüber hinaus habe ich als kleines Gadget noch „Altitude Meter“ installiert.

SCHUHE

Jeder Abenteurer hat in seinem Leben schon mehrfach Schuhe gekauft und so muss ich Ihnen nicht erklären, wie qualvoll sich das falsche Schuhwerk auswirken kann. Gehen Sie einmal davon aus, dass es auf Ihrem Abenteuer nicht möglich ist, die drückenden Schuhe einfach auszuziehen und sich vom Taxi nach Hause fahren zu lassen. Und wie den Reifen bei einem Auto kommt unseren Füßen eine wichtige, „tragende“ Rolle bei unseren Aktivitäten zu.

Lassen Sie sich beraten. Lesen Sie Rezensionen, laufen Sie mit den Schuhen im Geschäft oder, nach Absprache, einen Tag zu Hause. Lassen Sie ein wenig Spielraum für ein paar warme, dicke Socken. Gleichzeitig sollten die Schuhe auch fest sitzen, wenn Sie dünne Strümpfe tragen.

Ob Laufschuhe, Outdoorschuhe, Wanderschuhe oder andere, Ihr geplantes Abenteuer entscheidet über die Anforderungen. Für spontane Unternehmungen reicht ein Sportschuh, den Sie vielleicht sogar auch so täglich tragen. Für eine Wanderung und mehr sollte es ein den Anforderungen angepasster Schuh sein.

KOCHER

Wenn es hin und wieder ein Abenteuer mit Übernachtung werden soll, macht es Sinn, sich einen kleinen Kocher anzuschaffen. Ein heißer Tee, eine Suppe oder auch mehr, zum Frühstück ein heißer Kaffee oder auch einmal ein Rührei geben dem Körper neue Energie und Wärme. Und wenn Wasser abgekocht werden soll, macht ein Kocher allemal Sinn.

Ich zeige Ihnen in diesem Buch auch Möglichkeiten, ein offenes Feuer zu entfachen und zu nutzen, aber dies ist immer an eine geeignete Örtlichkeit gebunden. Im Wald einfach so ein offenes Feuer zu entfachen, ist verboten, auch wenn es hin und wieder getan wird. Wir suchen uns für solche Vorhaben, speziell, wenn wir uns neue Techniken aneignen wollen, ausgewiesene Stellen, ansonsten droht ein hohes Bußgeld, ganz zu schweigen von einem möglichen Waldbrand und seinen Folgen.

Ein kleiner Kocher, auch wenn er ebenfalls unter das Verbot fällt, offenes Feuer zu machen, ist eine vielseitig einsetzbare Alternative auf einer Tagestour im Rahmen eines Mikroabenteuers, aber auch für größere Unternehmungen. Unter „offenes Feuer“ zählt übrigens alles, was eine offene Flamme hat, also auch unser Campingkocher oder Hobo-Ofen. Selbst ein Streichholz fällt unter diese Kategorie. Die genaue gesetzliche Lage können Sie im Wald- oder Landeswaldgesetz des jeweiligen Bundeslandes nachschlagen.

Unterschätzen Sie nie den Funkenflug, auch nicht auf Ihrem Privatgrundstück, auf dem Sie offenes Feuer machen dürfen. Man sieht ihn in seinem ganzen Ausmaß häufig erst in der Dunkelheit und er ist gefährlich, wenn sich brennbares Material in der Nähe befindet.

Ob Sie sich einen **Benzin-, Spiritus-, Esbit-, Propan- oder Butan/Isobutan-Gas**-Kocher zulegen, ist eine Frage der Anwendungsgebiete.

Wenn es klein und leicht zugehen soll und Sie keine Gaskartuschen schleppen wollen, kann ein **Esbit**-Kocher ausreichen. Er ist sehr günstig, jedoch liefert er einen nicht allzu großen Brennwert und ist feuchtigkeitsempfindlich. Hinzu kommt, dass Sie Esbit außerhalb von Deutschland kaum erhalten. Ein solcher Kocher ist also eher ein kleiner Helfer für nicht allzu große Anforderungen und auf die Heimat beschränkt.

Ein **Benzin**kocher hat den Vorteil, dass Sie den Brennstoff fast überall auf der Welt nachkaufen können. Er brennt auch noch in großer Höhe und bei winterlichen Temperaturen, wenn Gas bereits versagt. Dafür müssen Benzinkocher vorgeheizt und unter Druck gebracht werden. Die Verbrennung erfolgt mit sauberer Flamme, was, zum Beispiel im Zelt, nicht unbedeutend ist.

Auch ein **Spiritus**kocher verbrennt sauber, ist sparsam im Verbrauch, jedoch, wie auch die anderen drucklosen Systeme, anfällig gegen Wind und andere Faktoren.

Propangaskocher werden durch Kartuschen gespeist, sind weitverbreitet und verbrennen mit sauberer Flamme. Sie brennen, auch wenn es etwas kälter wird, verlieren jedoch mit zunehmender Höhe an Heizleistung.

Am bekanntesten sind meines Erachtens die **Butan-/Isobutan**kocher in ihrem typischen Blau mit Kartusche. Viele kennen sie mit großem Unterteil, das die Kartuschen ganz aufnimmt, oder in Form eines kleinen, aufschraubbaren Brenners. Diese Lösung ist sehr platzsparend, da die Brenner zusammenklappbar sind, in diversen Größen verkauft werden und auf verschiedene Kartuschengrößen passen.

WICHTIG! Es gibt zwei Kartuschensysteme für die hier besprochenen kleinen Kocher. Bei einem wird die Kartusche angestochen und der Brenner muss darauf bleiben, bis die Kartusche entleert ist. Das andere System hat ein selbstständig schließendes Ventil und den Vorteil, dass Sie beides jederzeit (natürlich nach Erlöschen der Flamme) gefahrlos trennen und so besser transportieren können. Außerdem spart diese Variante Brennstoff.

Darüber hinaus gibt es auch Gaskocher mit einem Zuleitungssystem, bei dem der Kocher nicht auf der Kartusche steht. Im Ausland können Sie sich nicht immer darauf verlassen, die entsprechenden Kartuschen zu erhalten. Hier lohnt sich eine Recherche vor Reisebeginn. Bei einem Mikroabenteuer in der Heimat allerdings brauchen Sie sich darüber keine Gedanken zu machen.

Und dann ist da noch der beliebte **Hobo**-Kocher. Er ist in der Klappversion sehr klein zu verpacken, kann mit allem brennbaren Material „gefüttert" werden und macht Sie unabhängig von mitgebrachtem Brennmaterial. Natürlich ist er nicht so einfach wie ein Gaskocher zu entflammen, man muss schon etwas mehr tun, aber manchmal reicht auch ein kleines Teelicht darin oder ein Behälter von einem Spirituskocher. In der Regel wird der Hobo-Kocher mit ein bisschen kleinem Holz und Zunder entfacht und dann immer weiter mit Ästen etc. gefüttert. Im zweiten Teil dieses Buches stelle ich vor, wie man einen Hobo-Kocher selbst bauen kann.

GESCHIRR

Für eine Tasse Kaffee, Tee oder eine Suppe reicht ein guter Becher mit einem Fassungsvermögen um 500 ml. Dieser darf gern klappbare Henkel haben, die das Anfassen erleichtern und zugleich nicht viel Platz wegnehmen, da sie am Becher anliegen. Es hat sich bewährt, einen passenden Deckel mitzunehmen, da er viel Energie spart, weil so das Wasser schneller kocht und der Inhalt länger warm bleibt.

Es gibt Deckel aus verschiedenen Materialien, mit variierendem Gewicht und unterschiedlicher Wärmeleitfähigkeit. Da einfache Becher nicht allzu teuer sind, ist es kein Problem, sich erst einmal heranzutasten. Wenn es später dann ein Titanbecher wird, werden Sie Ihren ersten Becher nicht wegwerfen müssen, er wird Ihnen weiterhin gute Dienste leisten.

Ein Tipp für Greenhorns und vielleicht etwas zum Schmunzeln – ein Thermobecher hält das Innere länger warm, aber er ist nicht zum Erhitzen geeignet. In meinen Anfangszeiten freute ich mich über meinen ersten doppelwandigen Thermobecher, hielt er doch meinen Tee auch noch warm, als andere schon nicht mehr pusten mussten. Später verzichtete ich auf meinen einwandigen Becher und versuchte doch tatsächlich, mein Wasser im Thermobecher zu erhitzen. Es kochte und kochte nicht, dafür erhielt der Becher Anlauffarben und der Brennstoff ging zur Neige. Ja, Lehrgeld bezahlen wir alle und wenn wir später darüber lachen können, ist alles gut.

Noch ein Fauxpas aus meiner Anfangszeit, der Sie sicher erheitern wird, war mein erster Grog im Wald. Ich war mit meinem Bus unterwegs, hatte meine Hängematte an zwei Bäumen festgemacht und nun fehlte nur noch ein schönes heißes Getränk. Da ich mit dem Bus unterwegs war, hatte ich mir kurzerhand eine Flasche Rum gegönnt und einen ordentlichen Schluck davon in meinen Becher mit Tee gegeben, damit sich dieser nicht so allein fühlte. Ich saß da also in der Nacht, starrte gedankenversunken in die kleine Flamme meines Hobo-Ofens und freute mich auf einen kräftigen Schluck „Schlaftrunk". Plötzlich entstiegen dem Becher wunderschöne, farbenfrohe Flämmchen.

Wirklich schön anzuschauen und ein Foto wert, wenn ich auch sofort an den „Brandschutz" dachte. Blöd nur, dass dies der „Geist des Rums" war und mit jeder schönen Lichterscheinung der Rumgeschmack seinen Weg ins Himmlische nahm. So habe ich dann herzhaft gelacht und das ganz ohne Alkohol.

Hier noch ein Tipp für Sie, für einen einfachen Deckel aus eigener Produktion:

Entfernen Sie den Deckel oder Boden einer 800-ml-Büchse (eine einfache Büchsensuppe aus dem Discounter z. B.) das nächste Mal so, dass Sie ihn nicht mit dem Büchsenöffner von oben ausschneiden, sondern den Öffner von außen einmal um die Büchse herumführen, ihn quasi mit Seitenwand entfernen. Der so gewonnene Deckel passt perfekt auf herkömmliche Camping- bzw. Outdoorbecher der entsprechenden Größe. Er lässt sich beidseitig nutzen und schließt dabei den Becherrand auf zwei verschiedene Arten ab.

Wenn Sie darüber hinaus Geschirr benötigen und mit sich führen wollen, werden Sie im Outdoor- und Campingbereich viele Angebote finden. Es gibt schöne Systeme, die ineinander gestellt transportiert werden können und deren Einzelteile gleich mehrere Funktionen erfüllen.

Ein kleines Besteck haben Sie vielleicht schon in Form eines Tools mit Messer, Gabel und Löffel in Ihrem EDC-Pack. Wenn nicht, können Sie über geschnitzte Holzlöffel bis hin zum Hightech-Besteck alles im Handel finden.

Nicht jeder will auf einem Mikroabenteuer kochen oder sich ein Spiegelei braten, die gesammelten Pilze sofort verzehren oder ein Steak zubereiten, auch wenn dies alles viel Spaß machen kann. Aber möglich ist es und Sie werden das richtige Werkzeug dafür finden.

KARTENMATERIAL

Ob Sie eine Wasser- oder Bergwanderung unternehmen, eine Stadt erkunden oder sich anderweitig, abseits Ihrer Ortskenntnis und angestammten Wege, bewegen wollen – geeignetes Kartenmaterial wird Ihnen die Navigation manchmal überhaupt erst möglich machen.

Sicher können Sie sich spontan und ohne Planung bewegen, Ihrem Bauchgefühl folgen oder in der Stadt durchfragen, aber wenn es ums Heimkommen geht, kann Ihr Ausflug durch fehlendes Kartenmaterial vom Mikro- zum großen Abenteuer werden. Nicht überall treffen Sie auf Menschen, die Ihnen den Weg zur nächsten Straße, Ortschaft, Ihrem Auto oder aus dem Wald hinaus weisen können.

Ich erinnere mich an zwei einprägsame Erlebnisse, ebenfalls aus meinen ersten Tagen.

Einmal bin ich um einen Waldsee gelaufen und die Dämmerung begann einzusetzen. Ich telefonierte gerade mit meiner Frau und sagte plötzlich: „Schatz, es wird schnell dunkel, ich sehe nur noch den Wald und weiß nicht mehr, wo mein Auto steht.“ Nun begann die Suche, und sie dauerte wirklich lange. Zum einen gab es um den See zwei Ringwege, die sich aber an mehreren Stellen einander näherten und wieder voneinander entfernten. Das heißt, sie verliefen nicht parallel, und wenn man vom inneren auf den äußeren Weg stieß, konnte man nicht einschätzen, in welche Richtung man gerade vom See in Richtung Waldrand lief. Hinzu kam, dass ich zwar irgendwann nach längerer Zeit auf die Straße stieß, aber auch diese im

Zickzack um den Wald herum verlief. Ich wusste also nicht, ob ich nun nach links oder rechts zu meinem Auto kam. Also blieb mir nichts anderes übrig, als sich für eine Richtung zu entscheiden und zu hoffen, dass hinter einer der Kurven mein Auto auftauchte. Ich hatte mit meiner Wahl Glück, sonst hätte ich den gesamten Straßenverlauf zurück und weiter in die andere Richtung laufen müssen. Eine einfache Karte hätte mir damals geholfen; heute habe ich immer mein Smartphone mit GPS dabei.

Ein anderes Mal war ich in einem alten Militärgelände unterwegs. Dieses war „zurückgebaut" und aufgeforstet worden, sodass man die alten Wege nur noch schwer erkennen konnte. Nach mehreren Stunden Abenteuer (ich habe dort Skills, also bestimmte Fähigkeiten, geübt) befand ich mich wieder auf dem äußeren Rundweg. Nur welcher Abzweig führte mich zum Auto? Glücklicherweise hatte ich mir, als ich die direkte Richtung zum Gelände verließ, ein Zeichen aus Steinen und einem Ast hinterlassen. Die Freude, es wiederzufinden, war groß und die Nacht fand nicht im Wald statt.

Wann immer Sie also keine umfassende Ortskenntnis haben, sichern Sie den Zugriff auf GPS und/oder Kartenmaterial ab.

Ein kleiner Tipp am Rande: Seitdem habe ich immer Wasser, Schokolade und etwas zum Überziehen dabei, wenn ich in den Wald gehe. Sollte doch einmal eine ungeplante Übernachtung unvermeidbar sein, bin ich zumindest ein wenig vorbereitet. Es ist auch nicht sinnvoll, im Dunkeln suchenderweise, vielleicht noch orientierungslos, durch den Wald zu stolpern. Dank Smartphone ist das heute aber kein Problem mehr, und Deutschlands Wälder sind zudem nicht dafür bekannt, dass man tagelang in eine Richtung laufen könnte, ohne auf Zivilisation zu stoßen. Die Gefahr, verloren zu gehen, ist also gering. Vorausgesetzt, Sie werden nicht durch eine Verletzung am Laufen gehindert.

Wenn Sie also spontan die bekannten Wege verlassen, nutzen Sie Ihr Smartphone und kennzeichnen Sie Ihren Ausgangspunkt. Wenn der Akku noch voll ist und Sie eine Lademöglichkeit dabeihaben, können Sie Ihren Weg auch tracken. Selbst mit den heutigen Smartwatches ist dies möglich, inklusive Rückführungsfunktion. Wenn der Akku zur Neige geht und Sie keinen Ersatz dabeihaben, schalten Sie alle unwichtigen, stromfressenden Funktionen aus und starten Sie die Navigationsapp ausschließlich, um Ihren derzeitigen Standort und die weitere Richtung festzustellen, zum Beispiel, wenn Sie an Weggabelungen gelangen.

Es macht aber auch grundsätzlich Spaß, während der Tour auf einer Karte mitzuverfolgen, wie weit man schon gelaufen ist, wo der nächste See, das nächste Denkmal, die nächste Taverne auf einen wartet. Wie wird die gesehene Umgebung in einer Karte abgebildet und wie kann ich anhand einer Karte auf die Umgebung schlussfolgern? Wenn man sich etwas mit dem Kartenlesen auseinandersetzt, kann man ein richtiges Mikroabenteuer daraus machen.

Himmelsrichtungen bestimmen, Entfernungen schätzen oder Geocaches finden sind ein Kapitel für sich und Sie werden später mehr dazu lesen.

Ich bevorzuge topografische Karten, auf denen ich die Höhen und die Steigungen erkennen und das Gelände einschätzen kann. Aber Ihnen reicht vielleicht eine einfache Karte, z. B. ein Stadtplan für den Städtetrip. Wenn Sie aufs Wasser wollen, werden Sie natürlich eine spezielle Wasserwanderkarte auswählen und für die Radwanderung gibt es entsprechende Radwanderkarten mit den schönsten Wegen.

Teil 2
Mikroabenteuer

In diesem Teil möchte ich Ihnen Ideen, Tipps und Anregungen für Ihre Mikroabenteuer vorstellen. Vielleicht stehen Sie noch ganz am Anfang Ihrer Abenteurerkarriere und überlegen, womit Sie „klein beginnen“ könnten. Vielleicht haben Sie aber auch schon das erste oder mehrere Mikroabenteuer erlebt und suchen nun nach neuen Herausforderungen und Ideen.

Sie werden sicher mit mir einer Meinung sein, wenn ich anmerke, wir werden gemeinsam die Welt der Abenteuer nicht neu erfinden können. Das war auch nicht mein Ziel, als ich dieses Buch schrieb. Vieles wurde seit Beginn der Mikroabenteurer-Bewegung schon unternommen, erlebt, in dem einen oder anderen Buch beschrieben und in Videos gezeigt. Seien es Bücher zu genau diesem Thema oder Reiseführer, Bücher für den Outdoorfan, den Wasserwanderer, den Städtereisenden oder zu anderen hier angesprochenen Themengebieten. So habe ich den Beginn des Buches auch erst einmal der Ausrüstung gewidmet, die Ihnen Ihre Mikroabenteuer erleichtern wird und manche überhaupt erst möglich macht.

Neu erfinden können wir dagegen uns selbst: andere Wege gehen, Neues ausprobieren, bisherige Grenzen überwinden.

Wenn Sie also schon viele Bücher gelesen, viele Videos geschaut und sich schon länger mit diesem Thema auseinandergesetzt haben, wird Ihnen einiges sicher bekannt vorkommen. Mit diesem Buch möchte ich Ihnen einen kleinen Guide an die Hand geben, der viele Themenbereiche in sich vereint und auch einmal als Nachschlagewerk zur Verfügung steht. Wenn ich Ihnen dazu mit einigen Ideen Anregungen verschaffen kann, würde ich mich freuen.

Ab in die Natur (Outdoor-Abenteuer)

Ab in die Natur, heißt die Devise. Techniken (Skills) erlernt, probiert, verfeinert zu haben und letztendlich beherrschen zu können, ist nicht nur ein schönes Gefühl. Vieles davon kann uns in einer Notfallsituation von Nutzen sein und im schlimmsten Fall über unser Überleben entscheiden.

Abgesehen davon kann es auch in unserer technisierten Zeit schnell einmal zu Situationen kommen, in denen diverse erlernte Fähigkeiten helfen können. Ein längerer Stromausfall und Ausfall der Heizung, eine Überschwemmung, ein starker Schneefall, der zum Einbruch der Versorgung führt, dies alles sind keine „Aluhut-Fantasien".

Also warum nicht ein oder mehrere Mikroabenteuer zu genau diesen Themen starten? Planen Sie es allein oder mit den Kindern im Garten. Nicht, dass diese lernen sollen, in unserer Abwesenheit das Haus in Brand zu stecken, nein, das Erfolgsgefühl, etwas zu können, was kaum ein Freund oder eine Freundin kann, beflügelt Kinder. Es ist das Wissen, vielleicht einmal für andere überlebenswichtig sein zu können; sei es, dass gerade Ihr Sohn, Ihre Tochter weiß, wie die Gemeinschaft an Wasser kommt, wie ein Bein geschient werden kann und wie man Hilfe auf sich aufmerksam macht.

Was können wir also in dieser Richtung unternehmen?

WIR MACHEN FEUER

Ein Feuer zu entfachen, kann schwerer sein, als man es sich gemeinhin vorstellt, aber auch schneller gehen, als einem lieb ist. Wer sich schon einmal Serien zum Überleben in der Wildnis angeschaut hat, wird festgestellt haben, dass selbst Abenteurer mit einem hohen Survival-Index unter widrigen Umständen ihre Skills nicht abrufen und ihr Feuer nicht entfachen konnten. Die Mücken kamen, das Wasser konnte nicht abgekocht werden und die

Nacht war von Zittern und Energieverlust gezeichnet. Nicht wenige mussten am nächsten oder übernächsten Tag aufgeben und die „Mission“ abbrechen.

Wenn man ein Feuer wirklich braucht, also wenn es z. B. kalt und nass ist, fängt die Herausforderung in der Regel schon damit an, brennbares Material zu finden. Wenn dagegen ein Feuer leicht zu entfachen ist, besteht immer auch eine hohe Gefahr, dass es ungewollt übergreift.

Lassen Sie uns beginnen und unsere ersten Mikroabenteuer dem Feuer widmen.

Wir suchen Zunder

Feuer entzündet man nicht einfach so. Zumindest, wenn das Holz nicht gut getrocknet, eventuell klein gespant und vielleicht auch noch mit etwas Harz versehen ist. Sicher, man kann auch einen kleinen Holzhaufen mit einem Feuerzeug und etwas Glück zum Brennen bringen, aber wir wollen lernen, Feuer auch unter schwierigen Bedingungen zu entfachen.

Ein wichtiger Baustein dafür ist geeigneter Zunder, also ein Material, das schnell entflammbar ist und mit dem dann weitergearbeitet werden kann. Es soll Funken gut auffangen oder auch mit einer Lupe oder einem Glas und dem Brennpunkt der Sonne rasch anfangen zu glühen, sodass es weiteres Holz entzünden kann.

Also gehen wir auf die Suche nach geeignetem Zunder. Halten Sie doch einmal Ausschau nach:

- trockenen Gräsern oder Moos
- einer abgestorbenen Birke (wir nutzen die Birkenrinde)
- Disteln, Löwenzahn und vergleichbaren Gewächsen (wir suchen die Flugsamen)
- Rohrkolben („Rohrbomben“)

- abgestorbenen Baumwurzeln von Nadelbäumen (Kienspan)
- einem harzenden Baum
- kleinen Holzstückchen (für Feathersticks)

Trockene Gräser werden Sie in der trockenen Jahreszeit schnell finden. Sobald es geregnet hat oder die Luftfeuchtigkeit ansteigt, wird das zum Problem.

Abgestorbene und umgefallene **Birken** finden Sie leider heute häufiger als gewollt. In vielen Gebieten ist der Grundwasserspiegel so stark gesunken, dass diese Bäume nicht mehr genug Wasser bekommen und absterben. Wenn Sie keine „toten" Bäume finden, geht auch die Rinde lebender Birken, aber dies sollten wir wirklichen Notfallsituationen vorbehalten, zum Üben muss es nicht sein. Wenn Sie mehr Rinde benötigen, sammeln Sie diese an mehreren Bäumen, um den einzelnen so wenige Wunden wie möglich zuzufügen, sodass sie diese auch sicher reparieren können.

Birkenrinde ist leicht entzündbar, brennt sehr gut und das sogar im feuchten Zustand. Verantwortlich dafür sind die enthaltenen ätherischen Öle.

Rohrkolben, umgangssprachlich vielerorts auch als „Rohrbomben, Bullerbesen, Kanonenputzer, Lampenputzer, Bumskeulen und Pompesel" bezeichnet, kennen Sie bestimmt. Man findet sie an Ufern von Gewässern und in sumpfigen Gebieten. Sie sehen auch in einer Vase sehr dekorativ aus, sollten aber lieber stehen bleiben. Der Rohrkolben selbst steht zwar nicht unter Naturschutz, jedoch oft in Naturschutzgebieten und in Bereichen, in denen Betretungsverbote oder andere Einschränkungen bestehen. Achten Sie also bitte darauf, es sei denn, Sie sind in einer Notsituation einmal dazu gezwungen, solche Gebiete zu betreten. Als Zunder verwenden Sie das weiße Innere des Rohrkolbens.

Kienspan finden Sie an alten, abgestorbenen Baumstümpfen in Nadelwäldern, aber auch an Kirschbäumen, die zur Reparatur Harz produziert haben, das vom Holz aufgenommen wurde. Wenn Sie gegen den

Baumstumpf schlagen und es dumpf klingt, wird er nur noch aus morschem Holz bestehen. Wenn es dagegen fester klingt, könnten Sie Kienspan gefunden haben. Suchen Sie also nach einem Stück Holz, das sehr fest und harzgetränkt ist. Sie werden den Unterschied erkennen. Eine kleine Probe mit dem Feuerzeug zeigt schnell, ob es sich um einfaches Holz oder Kienspan handelt.

Kienspan, auch Kienholz genannt, verfault nicht, auch wenn ringsum schon alles zerfällt. Von dem Kienspan schnitzen, raspeln oder reiben Sie kleine Stücke ab, die sich durch einen Feuerstarter gut entzünden lassen.

Wenn Sie einen verwundeten und harzenden Baum finden, entnehmen Sie doch einmal ein wenig davon oder heben Sie ein verharztes Stück Ast auf. **Harz** wirkt zum Beispiel auch auf feuchtem Holz als Brandbeschleuniger. Entzünden durch Funken (z. B. Feuerstahl) lässt sich Harz weniger gut, aber es unterstützt anderen Zunder stark und lässt eine kleine Flamme besser und länger brennen. Je härter das Harz ist, desto höher muss die Entzündungstemperatur sein. In flüssigem bis weichem Zustand sind noch mehr ätherische Öle enthalten und so besteht eine höhere Chance, es zu entzünden.

Feathersticks finden Sie nicht, aber Sie können sie einfach herstellen. Dafür nehmen Sie ein Stück Holz, vorzugsweise trocken, und Ihr Messer. Nun schneiden oder schaben Sie mit dem Messer kleine Holzstreifen ab, jedoch jeweils immer nur so weit, dass sie am unteren Ende mit dem Holz verbunden bleiben. Die Streifen/Späne werden sich leicht aufringeln und es wird wie ein umgedrehter Weihnachtsbaum einer Holzpyramide aussehen. Diese Gebilde haben eine sehr große Oberfläche und sind leicht entzündbar. Je feiner Sie die einzelnen „Federn" gestalten, desto größer wird die Gesamtoberfläche und damit die Eigenschaft, gut zu brennen. Feathersticks eignen sich vorzüglich als Grundlage eines kleinen Feuernestes.

Ich habe in meinem EDC-Pack zum Beispiel immer einen **Tampon** verstaut, da er klein und leicht ist und seine Oberfläche durch Auseinanderziehen enorm vergrößert werden kann. Zusätzlich brennt er gut.

Man kann sich auch zu Hause Zunder für ein größeres Abenteuer vorfertigen, zum Beispiel **Holzkohle**, **getränkte Stoffstücke**, mit **Vaseline** getränkte Watte oder Pads und einiges mehr.

Wir entzünden ein Feuer

Nachdem wir nun einen guten Zunder gefunden haben, muss dieser entzündet werden. Natürlich geht dies mit einem mitgeführten Feuerzeug oder trockenen Streichhölzern gewohnt einfach. Aber das kann jeder und wir müssen es nicht üben. Nein, wir wollen ein Mikroabenteuer erleben und so versuchen wir einmal ganz andere Dinge aus der Outdoor- und Bushcraftszene.

Als Erstes probieren wir einen gekauften **Feuerstahl**. Es gibt sie in zwei Varianten. Zunächst stelle ich jenen **aus Stahl** vor; dieser besteht i. d. R. aus einem Stift aus Eisen, Magnesium, Lanthan und Cer und einem Schaber. Sie können aber auch die Rückseite Ihres Messers als Schaber verwenden. Wenn Sie den Feuerstahl in der einen Hand halten und den Schaber oder das Messer in Ihrer Arbeitshand, ziehen Sie den Feuerstahl am Schaber oder Messer schleifend so nach hinten weg, dass vorn ein Funkenflug entsteht, der günstigstenfalls direkt auf Ihren Zunder trifft und diesen entzündet. Die Arbeitshand halten Sie bei diesem Vorgang ruhig und fest. Das Ganze will ein wenig geübt sein, es wird nicht beim ersten Mal klappen. Aber verzagen Sie nicht, es ist nur eine Frage der Wiederholung und natürlich des Zunders. Dieser muss geeignet sein, sich durch einen Funken von bis zu 3000 °C zu entzünden.

Sie werden auch die Vorgehensweise „Schaber wird am Feuerstahl nach vorn wegbewegt“ sehen. Ich bevorzuge aus persönlicher Erfahrung die von mir beschriebene Technik, aber das hindert Sie ja nicht daran, beides zu probieren und Ihren Stil zu finden. Wichtig zu wissen ist: Der schwarze Überzug muss vor Benutzung abgeschabt werden, er bildet nur einen Schutz.

Darüber hinaus gibt es die Variante aus **Magnesium**, die mittlerweile häufiger vertreten ist und die ebenfalls mit einem Schaber oder mit dem Messer bearbeitet wird. Die grundsätzliche Verfahrensweise gleicht der Nutzung des zuvor beschriebenen Feuerstahls, nur, dass Sie beim Magnesium-Feuerstahl schon vorab etwas Material (Magnesium) abschaben und auf dem Zunder platzieren können, das dann durch die Funken noch schneller entzündet wird. Magnesium brennt mit einer Temperatur von 2000 bis 3.000 °C und das auch bei Nässe und im Schnee. Vielleicht können Sie sich noch an die Experimente aus dem Physik- oder Chemieunterricht erinnern, wenn Ihre Lehrer so frei waren, für etwas Abwechslung zu sorgen.

Eine weitere Variante, die wir einmal ausprobieren können, vornehmlich im eigenen Garten, ist **Kaliumpermanganat**. Vermischen Sie das Kaliumpermanganat zu gleichen Teilen mit Zucker und bringen Sie das Ganze auf eine feste Unterlage auf, zum Beispiel auf einen Stein, auf den Sie neben dieses Gemisch auch trockenen Zunder legen. Nun nehmen Sie einen Löffel oder ein anderes geeignetes Werkzeug und üben unter Druck eine reibende Bewegung auf das Gemisch aus. Es werden Funken entstehen, die den Zunder entzünden.

Oder versuchen Sie einmal, mit einer **Lupe, einer Glasscherbe oder einer wassergefüllten Flasche** den Strahl der Sonne mit dem kleinsten Brennpunkt auf Ihrem Zunder zu platzieren, bis sich dieser durch die Hitze entzündet. Sie können die Methode vorher auf Ihrer Hand probieren, so bekommen Sie ganz schnell einen Eindruck davon, ob die Kraft des gebündelten Strahls ausreicht. Wenn Sie die Hand halten können, wird es eher nichts mit dem Feuer. Wenn Sie die Hand schnell oder nach ein paar Sekunden wegziehen, haben Sie gute Chancen auf ein Gelingen.

Vielleicht finden Sie auch eine **Getränkedose** und die Sonne scheint kräftig. Dann polieren Sie doch einmal den konkaven Boden mit Sand oder einem anderen scheuernden Material und richten damit den gebündelten Sonnenstrahl auf Ihren Zunder.

Einen Funken können Sie auch mit einer **Batterie** erzeugen. Nehmen Sie etwas Stahlwolle, einen Stanniolstreifen vom Kaugummi oder von der

Zigarettenpackung, etwas Alufolie oder ein anderes leitfähiges Material und verbinden Sie damit die beiden Pole einer Batterie. Dies wird Ihnen einen kleinen Funken bescheren. Je dünner das Material, desto besser wird es funktionieren.

Wenn Sie einen **Feuerstein** und ein **Schlageisen** Ihr Eigen nennen, können Sie es einmal wie im Mittelalter probieren. Vielleicht finden Sie auch einen Feuerstein (Flintstein) in der Natur und haben etwas Geeignetes, wie ein Stückchen Eisensägeblatt, in Ihrem EDC-Pack dabei. Dann können Sie damit von diesem Stein Funken abschlagen. Besser ist natürlich ein direktes Schlageisen, weil es vor Verletzungen der Finger schützt.

Die hohe Kunst des Feuermachens ist das **Feuerbohren**. Kein wirklicher Bushcrafter oder Outdoor-Fan, der es nicht schon mindestens einmal ausprobiert hat. Man sieht diese Methode oft in Survival-Serien im Fernsehen, sie ist mit einfachen Mitteln durchführbar, aber hat schon so manchen an den Rand der Verzweiflung getrieben. Machen Sie sich auf einem Ihrer Mikroabenteuer einmal den Spaß und probieren Sie es aus.

Die primitivste Art ist das Drehen eines Feuerbohrers (Holzspindel) zwischen beiden Handflächen. Aber übertreiben Sie es nicht, denn genauso bescheiden, wie bei den meisten der erste Erfolg sein wird, sind auf der anderen Seite die möglichen Wunden an den Händen. Achten Sie also darauf, sich keine Blasen zu holen.

Eine bessere Methode ist, sich einen Bogen zu bauen. Wir schauen uns einmal an, was Sie zum Feuerbohren benötigen:

- Zunder, wie bei jeder anderen Art des Feuermachens auch
- ein Bohrbrett, also ein geeignetes flaches Stück Holz, auf das auch Ihr Fuß noch passt
- einen Bohrer oder auch eine „Spindel", ebenfalls aus Holz, ca. 2 cm stark und 20 cm lang
- einen Stein oder ein weiteres Stück Holz als Druckstück für die Spindel

- einen gebogenen, stabilen Ast, ca. 50 cm lang, der später unser Bogen wird
- eine Schnur oder Pflanzenfasern als Sehne für den Bogen

Zwischen Spindel und Bohrbrett wird dann durch das Drehen und die entstehende Reibung unter Druck Hitze erzeugt. Der Auswahl des Holzes kommt dabei eine entscheidende Rolle zu. Suchen Sie sich trockenes, weiches Holz, vornehmlich von Linde, Pappel, Weide, Espe oder Zeder. Diese versprechen den besten Erfolg. Wenn für das Druckstück kein passender Stein zur Verfügung steht, können Sie ein weiteres Stück Holz nehmen. Es sollte stabil und hart sein und ebenfalls eine Mulde für die Aufnahme der Spindel bekommen.

Bauen Sie sich zunächst aus dem langen Ast und Ihrer Schnur einen Bogen. Ein schon von Natur aus leicht gebogener Ast wird Ihnen dabei die Arbeit sehr erleichtern. Die Sehne wählen Sie so lang, dass sie erst leicht gespannt ist, wenn Sie die Spindel einmal mit der Sehne umwickelt haben. Später soll die Spindel durch die Bewegung des Bogens um ihre Längsachse wie ein Bohrer hin und her gedreht werden.

Nun widmen Sie sich Ihrem Bohrbrett. In dieses schnitzen Sie eine runde Vertiefung, ich nenne sie einmal „Bohrmulde“. In diese soll Ihre Spindel passen, deren beiden Enden Sie bitte ebenfalls abrunden. Mit Ihrem Messer sollte dies kein Problem darstellen.

Neben die geschaffene Bohrmulde schnitzen Sie später (ich beschreibe es noch) eine Kerbe, die bis zum Rand des Bohrbrettes offen ist. Diese gewährleistet, dass die entstehenden Holzstückchen den Weg auf Ihren Zunder finden. Wenn Sie diese Kerbe vergessen, wie schon oft gesehen, können Sie drehen und drehen und es wird sich nicht viel tun, außer dass Ihnen warm wird, etwas Qualm aufsteigt und Sie viel Energie verlieren.

Wenn Sie nun alles vorbereitet haben, können Sie Ihr Bohrbrett mit einem Fuß stark belasten und somit halten. Beugen Sie sich mit dem Bogen, mit dessen Sehne Sie die Spindel einmal umwickelt haben, über das

Holzbrett, stellen Sie die Spindel in die Bohrmulde des Holzbrettes und drücken Sie von oben mit Ihrem Druckstück auf die Spindel. Durch Ihr Körpergewicht können Sie dabei Kraft in den Armen sparen.

Nun beginnen Sie, den Bogen waagerecht hin und her zu bewegen, was Ihre Spindel in eine entsprechende Drehbewegung versetzt und durch den zusätzlichen Anpressdruck Material abarbeitet und Reibungshitze erzeugt. Wenn Sie den ersten Qualm aufsteigen sehen, halten Sie kurz inne und bringen die zuvor beschriebene Kerbe an. Dann geht es weiter.

Irgendwann werden Sie feststellen, dass sich glühendes Material bildet, das Sie nun gezielt auf den Zunder lenken müssen, um ihn zu entzünden. Entweder haben Sie Ihren trockenen Zunder schon direkt neben die Kerbe gelegt, oder Sie nehmen das glühende Bohrbrett und bringen es über Ihr Zundernest, oder Sie fangen die Glut zunächst auf einem Blatt oder einem Stück Holz auf und bringen es damit gezielt in Ihren Zunder.

Damit ist der erste Schritt getan.

Glutnest

Zur Entfachung eines Feuers sind mehrere Schritte notwendig. Der geeignete Zunder liegt nun bereit und ein Weg, ihn zu entzünden, ist gefunden.

Versuchen Sie, Ihr Feuer von klein nach groß aufzubauen. Ein Zundernest, zum Beispiel in Form trockenen Grases, in beiden Händen gehalten, dient erst einmal dazu, den entfachten Zunder sicher zum Weiterbrennen zu bewegen. Je kleiner die Anfangsmaterialien sind, desto besser gelingt dies in der Regel. Feuer braucht Luft, also pusten Sie ab und zu in Ihren rauchenden Zunder, bis sich Flammen zeigen. Ob dies nun das trockene Gras ist oder kleinste Feathersticks, Holzspäne oder der Tampon, spielt hierbei keine Rolle. Hauptsache, Ihnen gelingt der Übergang vom Feuerstarten durch Funken oder Glut zum Brennen des Zunders.

Wenn das Zundernest brennt, legen Sie etwas größere Holzstückchen nach. Wählen Sie diese nicht zu groß, denn die kleinen Flammen müssen es schaffen, das Holz anzuzünden und eventuell vorher noch zu trocknen. Also arbeiten Sie klein-klein und Stück für Stück unter ständiger Beobachtung und Luftzufuhr, falls die Flamme ausgeht. Solange es noch raucht, ist die Hoffnung nicht verloren.

Sie können sich auch vorher schon einen Aufbau aus den verschiedenen Holzbestandteilen und -größen aufschichten und lassen unten nur einen Eingang, in den Sie Ihren brennenden Zunder hineingeben. Es muss nur genug Luft herankommen und die Flamme des Zunders muss für die nächstgrößere Holzschicht ausreichen.

Wenn Sie Ihr Feuer nicht mehr brauchen, lassen Sie es kontrolliert und unter Beobachtung abbrennen. An Orten, an denen Wasser zur Verfügung steht, können Sie es sicherheitshalber ablöschen.

Wenn Sie die Reste des erloschenen Feuers eingraben oder mit Sand oder Erde bedecken, vergewissern Sie sich, dass es nicht mehr glimmt oder glüht. Feuer kann sich auch unterirdisch fortpflanzen und zu Waldbränden führen.

Wann immer Sie ein offenes Feuer in der Natur entfachen, bleiben Sie bis zum Schluss dabei und sichern Sie ab, dass es nicht weiterbrennen oder sich neu entzünden kann.

WIR GEWINNEN TRINKWASSER

Haben Sie sich schon einmal darüber Gedanken gemacht, wie und wo Sie an trinkbares Wasser kommen, wenn Ihre mitgeführte Reserve aufgebraucht ist?

Wenn Sie nicht irgendwann ungewollt zum Abenteurer werden wollen, beschäftigen Sie sich doch auf einem Ihrer nächsten Mikroabenteuer einmal mit diesem Thema.

Wo können wir Wasser finden?

Sicher, in **Seen, Bächen, Quellen**, das weiß jeder. Dann nur noch trinkbar machen und gut. Was aber, wenn uns diese offensichtlichen Wasserquellen nicht zur Verfügung stehen?

Ich möchte nicht all die vielfältigen Arten beschreiben, die ein Survivalexperte kennt und die ihn der Spur der Tiere folgen, in trockenen Flussläufen graben, bestimmte Pflanzen aufschneiden, die Birke anzapfen usw. lassen.

Aber schauen Sie doch nach einem frischen Regen bei einem Ihrer Gänge in der Natur nach **Hohlräumen** in Gestein, nach Baumstümpfen, nach umgefallenen Bäumen mit Vertiefungen auf der Oberseite und nach herumliegenden Behältnissen. Dies alles sind Stellen, in denen sich **Regenwasser** gesammelt haben könnte. Zudem können Sie mit Ihrem Poncho, Teilen Ihrer Ausrüstung, einem großen Blatt oder einem selbstgebauten Behältnis aus Naturmaterialien **Regenwasser auffangen**.

Nehmen Sie doch einmal ein **T-Shirt** und streifen Sie es nach dem Regen, oder wenn Tau vorhanden ist, über Sträucher, Gräser, Bäume usw. Das so aufgenommene Wasser können Sie dann über Ihrem Becher aus dem Shirt wringen und trinkbar machen oder notfalls sogar direkt in den Mund tröpfeln lassen.

Wenn Sie auf bekannte **Früchte** treffen, haben Sie eine weitere Wasserquelle. Manchmal kann es auf den kleinsten Tropfen ankommen. Wenn Sie **Mücken** begegnen oder Frösche hören, können Sie davon ausgehen, dass Wasser in der Nähe ist.

Oder nehmen Sie einmal eine Plastiktüte und stülpen Sie sie über einen stark belaubten Ast eines Baumes. Je mehr Sonne der Baum abbekommt, umso mehr „schwitzt" er und das Wasser sammelt sich in Ihrem Behältnis.

Sie können auch eine **„Solar-Destille"** bauen, eine Möglichkeit, mit der Sie Wasser nicht nur gewinnen, sondern sogar trinkbar machen können. Zum Beispiel können Sie so aus Salzwasser trinkbares, destilliertes Wasser machen.

Sie brauchen dafür eine Plastikfolie, die Sie vielleicht ohnehin dabeihaben oder die man (leider) heutzutage immer wieder auch in der Natur findet. Dieses System der Destillation ist sehr einfach, bedarf aber einer starken Sonnenstrahlung. Wenn Sie auf diese Weise Wasser gewinnen wollen, graben Sie ein tiefes Loch, stellen in die Mitte Ihren Becher oder ein anderes Auffangbehältnis und füllen das Loch mit Pflanzen und allem, was Feuchtigkeit enthält. Dann spannen Sie die Folie darüber (zum Beispiel, indem Sie die Folie ringsum mit Erde oder Steinen beschweren) und legen in die Mitte der Folie einen Stein, damit sich ein Abtropfpunkt bildet. Unter Sonneneinstrahlung wird Wasserdampf aufsteigen und am durch den Stein gebildeten Tiefpunkt der Folie abtropfen.

Wie können Sie Wasser trinkbar machen?

Nun, das hängt auch vom Zustand und der Belastung des gefundenen Wassers ab. Frisch aus einer Quelle können Sie es, wenn nicht davor noch eine Ansiedlung oder andere potenzielle Emittenten von Verunreinigungen vorhanden sind, trinken, wie Sie es auffangen.

Aus klaren, gut fließenden Flüssen, Bächen und Seen gewonnenes Wasser bedarf zwar auch der Aufarbeitung, aber die Kontaminationsgefahr ist gering und kalkulierbar. Wann immer Sie Ansiedlungen, Industrie oder Landwirtschaft in der Nähe oder oberhalb der Fließrichtung wissen oder vermuten, seien Sie vorsichtiger.

In urbaner Nähe und bei allen stehenden, trüben und riechenden Gewässern gilt höchste Vorsicht und Umsicht. Nehmen Sie dieses Wasser nur in Notfällen zur Aufbereitung. Für Ihre Mikroabenteuer, also zum Üben Ihrer Fertigkeiten, gehen Sie auf Nummer sicher. Oder üben Sie und verzichten Sie auf das anschließende Trinken, wenn Sie sich nicht sicher sind, alle Verunreinigungen entfernt zu haben.

Es ist kein Geheimnis, dass unser Trinkwasser das am besten überwachte Lebensmittel in Deutschland ist, aber trotz aller Technik bestimmte Dinge weiter den Weg in unsere Wasserhähne finden. Wenn Sie mehr darüber wissen wollen, recherchieren Sie doch einmal zu der Anzahl der gemessenen Werte im Trinkwasser und zum Verlauf der Obergrenzen in den letzten Jahrzehnten. Ob Sie bestimmte, im Trinkwasser enthaltene Stoffe, die als ungefährlich eingestuft sind oder gar nicht bestimmt werden, in Ihrem Körper haben möchten, müssen Sie selbst entscheiden.

Wie dem auch sei, gehen Sie davon aus, dass Sie nicht alles, was sich im gefundenen Wasser in urbaner Nähe befindet, auch herausbekommen. In einer Überlebenssituation steht aber natürlich das reine Überleben im Vordergrund.

Wir haben schon im Abschnitt „Wasserfilter" über die Möglichkeiten industriell gefertigter Filter gesprochen. Welche Optionen können wir aber nutzen, wenn uns keiner dieser Helfer begleitet?

Die **Solar-Destille** wurde bereits vorgestellt. Mit ihr können Sie zum Beispiel aus nicht genießbarem Salzwasser destilliertes Wasser machen. Das aus den Pflanzen gewonnene Verdunstungswasser können Sie ebenfalls zu sich nehmen.

Als Erstes sollten Sie Wasser immer von **Schwebestoffen und groben Verunreinigungen** befreien. Dafür können Sie Ihr T-Shirt, Palästinensertuch, eine Socke (möglichst ungetragen), ein Stofftaschentuch und alles andere Material verwenden, das filternde Eigenschaften besitzt. Das so aufbereitete Wasser würde ich, wenn ich keinen weiteren Filter baue, mindestens zehn Minuten lang abkochen.

Und nun schauen wir uns einmal **Filtertechniken aus der Natur** an.

Haben Sie eine **PET-Flasche** bei sich? Sie können auch ein anderes, vergleichbares Behältnis nehmen, jedoch ist die PET-Flasche für unser Vorhaben gut geeignet und ich beschreibe den Filterbau an diesem Beispiel.

Schneiden Sie zunächst den unteren Teil der Flasche ringsherum mit Ihrem Messer ab, sodass Sie eine große Öffnung haben. Sie sehen, ein Messer ist und bleibt unser wichtigstes EDC-Tool und die Basis für vieles Weitere.

Nun suchen Sie Ihre Umgebung nach verschiedenen Filtermaterialien ab. Unser Ziel ist, das Wasser durch mehrere, unterschiedliche Schichten fließen zu lassen und die unterschiedlichen Filtereigenschaften der Naturmaterialien zu nutzen. Ich zähle Ihnen einmal die verschiedenen Materialien auf und ordne sie in der Reihenfolge ihrer Schichtung im Filter an. Wenn Sie die entsprechenden Materialien zur Verfügung haben, schichten Sie sie also in der unten aufgeführten Reihenfolge auf, wobei wir von einer umgedrehten Flasche ausgehen; die große/abgeschnittene Öffnung ist also oben und den Flaschenhals unten.

- dünne Schicht Stoff (Taschentuch, T-Shirt)
- grober Kies oder größere Steine
- feiner Kies oder kleinste Steine
- Sand (so sauber wie möglich)
- Stoff, Watte, Vlies oder dergleichen
- gewaschene Holzkohle
- feiner Kies oder kleinste Steine
- dünne Schicht Stoff (Taschentuch, T-Shirt)

Unten verschließen wir die Flasche mit dem Deckel, in den wir vorher ein kleines Loch gebohrt haben, durch das das gefilterte Wasser abtropfen wird. Die so gefüllte Flasche hängen wir nun kopfüber auf, füllen oben das zu filternde Wasser ein und lassen die Schwerkraft für uns arbeiten. Sie können die Abtropföffnung später noch optimieren, für den Fall, dass das Wasser zu langsam tropft. Machen Sie das Loch nicht gleich zu groß, eine gewisse Zeit sollte sich das Wasser schon durch die Filter arbeiten müssen. Unsere Holzkohle braucht zudem ihre Zeit, um Giftstoffe zu binden. Wenn das Wasser zu schnell durch sie hindurchläuft, wird der Filtervorgang an dieser Stelle unsicher.

Wie finden oder gewinnen wir Holzkohle?

Sie können es sich natürlich einfach machen und Grillkohle aus dem Supermarkt nehmen. Aber wer möchte das schon? Wir wollen ja lernen.

Sollten Sie schon ein Feuer gemacht haben, können Sie Holzkohle aus diesem gewinnen. Die funktioniert zum Beispiel, indem Sie einen Teil immer wieder ablöschen, sodass er nicht verbrennen kann, aber durch die Hitze des Feuers alles außer dem Kohlenstoff entweicht. Oder Sie finden ein erloschenes Feuer bzw. eine alte Feuerstelle, in der noch nicht veraschte Reste vorhanden sind. Sie können auch eine Büchse zur Hand nehmen, diese mit ein paar Löchern versehen, mit Holzstücken befüllen und dann in Ihr Feuer legen. So verbrennt der Inhalt nicht so schnell, aber der Vorgang der Holzkohleentstehung findet statt.

Achten Sie bei Ihrer Selbstherstellung darauf, dass Ihr Holz keine giftigen Stoffe enthält bzw. enthalten hat. Die so gewonnene Kohle soll in unserem Filter als Aktivkohle fungieren und Giftstoffe, Gerüche und Geschmack binden. Die Nutzung von behandeltem Holz dürfte dabei eher kontraproduktiv für unsere Gesundheit sein. Holz von Bäumen sollte dagegen unproblematisch sein.

Die Holzkohle zerbröseln oder zermalmen Sie. Je größer dadurch die Oberfläche wird, desto besser wird sie binden. Vergessen Sie nicht, die Kohle vor der Verwendung gut zu waschen.

UNTERKUNFT – DAS LAGER

Haben Sie schon einmal darüber nachgedacht, sich ein kleines Lager oder nur eine Überdachung, einen Regenschutz zu bauen? Vielleicht aber auch mit Ihren Kindern ein Baumhaus im Garten oder auf dem eigenen Grundstück?

Ideen für ein **Baumhaus** finden Sie im Internet bestimmt zuhauf. Vielleicht aber sind Sie auch ein Baumeister oder hatten in Ihrer Kindheit selbst eins. Nehmen Sie doch Ihre Kinder an die Hand und lassen Sie sie mit entwerfen, Ihre Ideen einbringen und werkeln. Das wäre doch einmal ein Abenteuer, das Sie auf mehrere kleine Abenteuer verteilen können und bei dem mit jedem Schritt immer mehr entsteht, worauf Ihr Kind stolz sein kann. Und weiter geht es immer, wenn die Lust dafür da ist. Dazu vielleicht auch noch ein **Büchsentelefon**? Auch dies ist ein schönes Abenteuer für Kinder.

Lassen Sie Ihr Kind oder Ihre Kinder zwei Büchsen suchen und die Deckel komplett entfernen. Auf der noch verschlossenen Seite machen Sie ihnen je ein Loch in die Mitte. Nun muss eine lange Schnur her, die vom Baumhaus bis zur Gegenstation reicht. Ob das nur die „Freisprechanlage" für Ihre späteren Eintrittsverhandlungen zum Baumhaus des Kindes wird oder bis in Ihr Haus geht, damit Essensbestellungen für das Baumhaus entgegengenommen werden können, hängt von Ihren familiären Gepflogenheiten ab. Spaß macht es allemal. Zumindest dem Kind, vorausgesetzt, es wickelt diese Dinge nicht bereits mit seinem Smartphone ab. Nun wird die Schnur an beiden Büchsen durch das Loch gefädelt und mit einem dicken Knoten gegen Herausfallen gesichert.

Die Schnur wird unter Spannung gebracht und ein „Klingeln" kann durch ein Zupfen an der gespannten Schnur improvisiert werden. Nun muss die Büchse nur noch an das Ohr gehalten oder hineingesprochen werden. Kein toller Sound, aber Eigenbau und Abenteuer pur.

Ein **kleines Lager** können Sie sich aus Totholz (abgestorbene Äste) basteln. Sie können einen dicken Stamm schräg gegen einen Baum lehnen und mit Ästen und Zweigen seitlich, ebenfalls schräg, Wände bauen. Dicht bekommen Sie alles z. B. durch üppig beblätterte Äste und Zweige.

Sie können auch **Baumstämme** auf einer Seite aufstapeln und durch eingeschlagene Pfähle gegen Wegrollen sichern. So haben Sie einen natürlichen Windschutz.

Finden Sie einen schönen Lagerplatz an einer Felswand, einem entwurzelten Baum oder einem anderen natürlichen Schutz, können Sie weitere Seiten durch Aufschichten von Totholz gegen Wind und Regen sichern. Wenn Sie ein **Tarp** oder eine **Plane** bei sich haben, können Sie diese über eine Leine oder auch über einen Stamm oder starken Ast legen und die zu beiden Seiten gleich langen Schenkel nach unten abspannen.

Man kann sich aber auch einfach nur auf seine Matte setzen, das Tarp oder die Plane hinter sich bis auf den Boden ziehen und nur das überbleibende Stück nach vorn abspannen. So haben Sie einen guten Windschutz und können die Natur genießen. Diese Variante passt gut bei kurzen Pausen oder zum Essen oder Getränke Aufwärmen, aber auch für eine laue Nacht.

Mit einem Tarp oder einer Plane können Sie auch verschiedene Unterkünfte bauen.

Einen langen Wander- oder Trekkingstock oder etwas aus der Natur in der Mitte oder vorn am Eingang als Stütze genommen, die Eckpunkte bis zur Erde führend mit selbst gebauten Erdhaken (Äste mit Gabelung) verankert, können Sie die verschiedensten Gebilde aufbauen.

Ein Tipi wird es, wenn Sie die Stütze mittig hinstellen, aber auch eine Zeltnachbildung ist möglich, wenn Sie Ihre Unterkunft nur vorn abstützen und nach hinten die Plane bis zum Boden führen. Mit der Abstützhöhe können Sie variieren und je nach Wetterlage und Temperatur die Eingangsgröße und Luftzufuhr anpassen.

Ich empfehle Ihnen, sich im Internet verschiedene dieser Aufbau- und Abspannmöglichkeiten anzuschauen und bei Ihren nächsten Mikroabenteuern nachzubauen. Ich hatte früher immer Screenshots oder PDF-Dateien dazu auf meinem Smartphone und habe bei jedem Ausflug eine oder mehrere Varianten ausprobiert, verbessert und für mich optimiert.

Ich möchte Ihnen hier ein paar nützliche Quellen zur Verfügung stellen, die Ihnen Ideen für Ihren Tarpaufbau geben sollen. Darüber hinaus gibt es unzählige gute Videos auf YouTube, wo Sie sich diese Dinge auch anschauen können.

1. https://staywild-outdoor.com/tarp-aufbaumoglichkeiten/
2. https://www.buschpirat.de/wissen-und-tipps/tarp-aufbau

Auch Ihren Poncho können Sie zum Bau eines Tipis, eines Zeltes oder einer Windwand einsetzen. Im Prinzip entspricht die Vorgehensweise dem Aufbau eines Tarps, nur mit dem Unterschied, dass Sie zusätzlich die Kapuze verknoten müssen, damit es nicht hineinregnet. Sie können sie aber auch als Belüftungsmöglichkeit verwenden.

BETTENBAU

Sie sind unterwegs, wollen in der Natur übernachten und das nicht unbedingt auf dem nackten, eventuell nassen und kalten Boden?

Es wird Zeit für einen Bettenbau. Die einfache Variante ist, seine Isomatte auszurollen, den Schlafsack darüberzulegen und alles durch ein Tarp oder ein Zelt zu schützen. Nun wollen wir aber wieder etwas dazulernen und uns die Natur zunutze machen. Wir wollen uns gegen die Kälte von unten schützen und uns gleich noch etwas weicher betten.

Suchen Sie sich doch einmal einige gleichlange Stämme, die nebeneinandergelegt Ihr Körpergewicht tragen können. Diese Stämme legen Sie auf einem geeigneten Boden aus und fixieren sie gegen Auseinanderrollen. Dazu eignen sich Seile, Pflanzenfasern, Holzpflöcke oder natürliche Begrenzungen.

Sie können sich entscheiden, ob Sie ein Bett mit „Lattenrost“ oder ohne haben wollen. Auf dem Boden können die inneren Stämme weggelassen werden. Wenn Sie zusätzlich noch vom Boden wegwollen, um der Bodenkälte weiter zu entfliehen, oder es aufgrund seiner Beschaffenheit unmöglich ist, direkt auf ihm zu bauen, lohnt sich eine Konstruktion wie ein Bett: Bringen Sie die tragenden Stämme und die Stämme für das „Lattenrost“ in die Höhe und fügen dann das Isoliermaterial hinzu.

Ziel der zweiten Variante ist, einen Rahmen zu schaffen, in dem wir nun unser Isoliermaterial ausbreiten können. Dafür eignen sich vor allem trockene Pflanzenbestandteile, also Blätter, Laub, dünne, noch bewachsene Äste oder Farn – alles, was Sie finden und weich schichten können. Versuchen Sie, so zu befüllen, dass das Material so wenig wie möglich verdichtet wird, also durch Einarbeitung von Ästen usw. das Laub ein wenig auseinanderzuhalten und aufzulockern. Je mehr Laub Sie stapeln, desto weicher und wärmer werden Sie die Nacht verbringen.

Sie können den Aufbau verbessern, indem Sie Laub und Äste (längs und quer) in abwechselnden Schichten stapeln. Durch die Äste können Sie Ihre Unterlage leicht federnd gestalten.

Fertig ist Ihr erstes Waldläuferbett.

NOTNAHRUNG

Wenn wir uns in Wald und Natur bewegen, sehen wir die schönsten **Pflanzen, Beeren, Früchte und Pilze**. Haben Sie sich schon einmal damit auseinandergesetzt, was davon Sie essen können? Was als „Notnahrung" infrage käme?

Ich empfehle Ihnen dafür ein paar Bücher, die sich intensiver damit befassen und Ihnen viele wertvolle Tipps geben können.

Einerseits geht es darum, erst einmal eine Idee davon zu bekommen, dass wir uns in der Natur selbst ernähren können und was alles essbar ist oder essbar gemacht werden kann. Aber es geht auch um Ihre Sicherheit. Ohne ein gewisses Grundwissen können Sie schnell einmal eine essbare mit einer nicht genießbaren oder gar giftigen oder tödlichen Pflanze oder Frucht verwechseln. Die Folgen können katastrophal sein.

Und so, wie wir es auch bei einer Pilzsuche handhaben (sollten) – „Lass stehen, was du nicht genau identifizieren kannst – nimm nur, was du genau kennst" – sollten wir es bei anderen möglichen pflanzlichen Nahrungsquellen halten.

Ich lasse das Thema „Tierische Notnahrung" hier explizit aus. Sie können Maden und Käfer unter Baumrinden und in Totholz finden und in Ihren Nahrungsplan mit aufnehmen. Auch dazu finden Sie gute Videos zur Vorbereitung im Internet. Wir wollen uns lieber anschauen, was Sie bei einem Kurzabenteuer in Ihre Salatschüssel packen könnten. Von der Jagd und dem

Fallenstellen sehen wir hier ganz ab, zumal es für uns als Nichtjäger sowieso nicht infrage kommt und auch nicht „geübt“ wird. Sie können sich mit diesem interessanten Thema auseinandersetzen und wirklich viel für Notsituationen lernen, aber nicht für uns als Abenteurer; wir töten keine Tiere, nur um „zu lernen“.

Zum Thema „Tierische Notnahrung“ gibt es ein Buch von einem langjährigen und in der Szene bekannten Survival- und Outdoorexperten, diplomierten Biologen und Leiter zahlreicher Kurse mit Outdoorerfahrung in der ganzen Welt, Johannes Vogel.

„Tierische Notnahrung – Überleben in der Natur“ (978-3-613-50627-5)

Johannes Vogel ist auch der Autor meines nächsten Buchtipps für Sie,

„Pflanzliche Notnahrung – Survivalwissen für Extremsituationen“ (ISBN 978-3-613-50677-0)

Für Ihren Salatteller, aber auch zum Nebenbei-Verzehr von Samen, Körnern und anderen Bestandteilen, empfehle ich Ihnen das Buch:

„Essbare Wildpflanzen – 200 Arten bestimmen und verwenden“ (ISBN 3038003352).

Alle genannten Bücher sind reich bebildert und zur Bestimmung geeignet. Wenn Sie unter die Pilzsammler gehen möchten, sollten Sie sich noch ein geeignetes Buch zur Bestimmung zulegen.

Pilze sammeln, einen Salatteller aus wild wachsenden Pflanzen anrichten, frische Beeren oder andere Früchte suchen und bestimmen – ein kleines Abenteuer für sich.

Ich esse zum Beispiel gerne einen Teller Löwenzahnblätter, Brennnesseln, Taubnesseln, ein paar Gänseblümchen, Sauerampfer, auch ein wenig Bärlauch und Vogelmiere. Je nachdem, was ich gerade davon finde, aber nur, was ich kenne. Daher lesen Sie erst ein Buch und beschäftigen sich damit, starten Sie keine Selbstversuche.

Lassen Sie es sich schmecken.

SEEMANNSKNOTEN UND ANDERE

Es gibt immer wieder Situationen, in denen Sie Knoten knüpfen müssen. Ob feste, die sich auf keinen Fall von selbst lösen dürfen, andere, die sehr schnell und mit einem Zug wieder zu lösen und trotzdem stabil sind, oder Knoten, die ein Verschieben des Knotenpunktes auf einem anderen Seil ermöglichen, sich aber unter Zug selbst festziehen.

Ob **Achterknoten, Ankerstich, Siberian Hitch** (das ist kein Hund), **Spierenstich, Halbmastwurf** oder **Kapuzinerknoten**, es kann nie verkehrt sein, sich damit intensiver zu beschäftigen. Widmen Sie doch eins Ihrer Mikroabenteuer nur diesem Thema. Nehmen Sie sich ein Buch oder eine ausgedruckte Seite mit Fotos mit, mehrere Seile, Stricke, bevorzugt Paracord, und üben Sie.

Wie spanne ich eine Hängematte so ab, dass sie meine Last trägt und der Knoten sicher wieder zu lösen ist? Oft genug habe ich erlebt, dass eine Hängematte entweder rutschte oder der Wunderknoten so fest war, dass er sich nach einer Nacht nicht mehr öffnen ließ. Mit der richtigen Technik kann das nicht passieren.

Wie ziehe und spanne ich eine Firstline für mein Tarp und mit welchem Knoten oder welcher Schlinge kann ich daran ein weiteres, verschiebbares Stück Seil befestigen? Ich kann Ihnen als Informationsquelle die Seite von „Sacki“ (Kai Sackmann) empfehlen, auf der Sie Anregungen für die wichtigsten Knoten im Outdoorbereich finden werden.

https://www.sacki-survival.de/info-sammlung/wissen/knoten/

Oder laden Sie sich das Knoten-PDF von Martin Gebhard runter:

https://survival-kompass.de/pdf/6-wichtigsten-bushcraft-survival-knoten.pdf

NOTSIGNALE

Wie würden Sie in einer Notsituation auf sich aufmerksam machen? Wie Rettung rufen oder sie zu Ihnen lotsen? Was wissen Ihre Kinder über ihre

Möglichkeiten, wenn sie sich einmal auf einem Kurztrip mit Ihnen, beim Zelten, im Ferienlager oder beim Pilze sammeln verlaufen sollten?

Was tun Sie, wenn Rettung unterwegs ist, Sie aber nicht sehen kann? Wie verhalten Sie sich, wenn Sie Hilfe rufen konnten oder mit einer Suche rechnen, weil Sie sich nicht zu Hause zurückgemeldet haben, aber weitermarschieren können und wollen?

Wichtig: Wann immer Sie zu einem Kurzabenteuer aufbrechen, das Sie abseits der Straßen bringt, **melden Sie sich bei mindestens einer Person ab** und hinterlassen Sie Ihr grobes Ziel und die Zeit Ihrer Rückkehr. Wenn Ihnen einmal auf einem Ihrer Abenteuer irgendetwas zustößt, wäre es fatal, wenn niemand Ihr Fernbleiben bemerken und Sie suchen würde. Wenn Ihr Umfeld es also gewohnt ist, Sie sonst auch ein paar Tage nicht zu sehen, wird dies umso wichtiger für Sie. Und es muss nicht der große Unfall sein. Die Medizin vergessen, in der Hitze ohne Wasser kollabiert oder einfach nur verlaufen, es kann immer etwas passieren, das Sie in eine Zwangslage bringen kann. Also sorgen Sie vor.

Wenn Sie einmal an einem Ort sind, von dem Sie sich nun entfernen, um weiterzukommen, und Sie haben Hilfe verständigt oder können von einer Rettungsaktion bzw. Suche nach Ihnen ausgehen, **kennzeichnen Sie Ihren letzten Aufenthaltsort** und geben Sie Hinweise auf Ihre weitere **Bewegungsrichtung** oder Ihr Ziel. Alles, was Rettern auffällt, ins „Auge sticht“, kann helfen. Zunächst müssen die Retter Ihre Informationen erst einmal zur Kenntnis nehmen. Ein auffälliger Stofffetzen, eine große Ansammlung von Steinen, eine Markierung aus Holz – überlegen Sie, worauf Sie selbst aufmerksam würden, wonach Sie suchen und worauf Sie reagieren würden. Und es muss verständlich sein. Drei Steine in einer Reihe können Ihre Marschrichtung anzeigen, aber auch reiner Zufall sein oder unbemerkt bleiben.

Ein Pfeil aus Steinen oder Ästen auf dem Boden und vielleicht noch die Anfangsbuchstaben Ihres Namens dazu sind besser geeignet. Alles, was eindeutig auf Sie schließen lässt, ist hilfreich. Denken Sie an Regen, Wind und wilde Tiere, wenn Sie etwas legen oder stellen.

Wie können Sie mit Hilfsmitteln auf sich aufmerksam machen?

Zunächst steht Ihr **Smartphone** an erster Stelle, sofern es noch Energie hat und eine Netzverbindung besteht.

Ein wichtiger Tipp:

Wenn Sie Hilfe benötigen, Ihr Smartphone noch Stromversorgung hat, aber das Netz weder einen Anruf noch die Nutzung eines der herkömmlichen Messenger erlaubt, verschicken Sie mehrere SMS an verschiedene Personen! Formulieren Sie eindeutig, damit der Empfänger sofort reagiert und nicht an einen möglichen Scherz denkt. Wenn er Sie nicht erreichen kann, wird diese Frage zu spät geklärt werden. Also formulieren Sie ohne mehrere Deutungsmöglichkeiten.

Zum Beispiel so:

„**SOS**! Hier Peter, ich brauche dringend Hilfe! Bin verletzt/kann nicht laufen/habe Orientierung verloren, Aufenthaltsort (so gut wie möglich beschreiben, wenn möglich mit Ortungsdaten aus Ihrer App), Uhrzeit dazu, (da die SMS unter Umständen erst viel später versendet werden kann). Bewege mich weiter Richtung ..., hinterlasse Pfeil auf Boden. **HELP**!"

Im Anhang notiere ich Ihnen mögliche Textbausteine, die Sie sich in Ihrem Smartphone auch als SMS-Entwurf abspeichern können.

Dafür bedarf es nicht eines so guten Netzes wie für einen Anruf. Wenn Ihr Telefon Ihnen sagt, dass ein Gespräch aufgrund des schlechten Netzes nicht möglich ist, kann es immer noch für eine SMS reichen. Hinzu kommt, und das ist ganz wichtig: Auch wenn die SMS nicht gleich übertragen wird, wenn Sie sich weiterbewegen, kann dies automatisch erfolgen, sobald das Netz es wieder zulässt.

Wenn Ihre **Lampe** noch funktioniert und es dunkel ist, können Sie damit Signale geben.

Gleiches geht unter Notbedingungen mit einem **Feuer**, das Sie in die Richtung, aus der Hilfe erwartet oder gehört wird, mit einer Pappe, Ihrem

Rucksack, Ihrem Körper oder anderen Hilfsmitteln im Takt eines Morsezeichens verdecken und sichtbar machen.

Im Anhang werde ich Ihnen das Morsealphabet aufschreiben, vielleicht machen Sie sich mit Ihren Kindern einmal ein Abenteuer daraus, etwas davon zu lernen und mit Taschenlampen oder Klopfzeichen zu kommunizieren. Das wichtigste und fast jedem bekannte Morsezeichen und Notrufzeichen ist **SOS.**

...---...
kurz, kurz, kurz – lang, lang, lang – kurz, kurz, kurz

Wenn Sie eine Luftrettung auf sich aufmerksam machen wollen, geht dies bei Sonne gut mit einem **Spiegel** oder einer spiegelnden Fläche. Dazu eignen sich auch der Unterboden einer Getränkedose, etwas Stanniol- oder Alupapier, eine große Messerklinge und anderes mehr.

Bei Nacht können Sie natürlich jede **Lichtquelle** nutzen, die von oben zu sehen ist. Vergessen Sie dabei nicht, diese möglichst durch ein „SOS“, wie oben beschrieben, in Ihrem Informationsgehalt zu erhöhen, sodass auch Menschen auf Sie und Ihre Gefahrenlage aufmerksam werden, die Sie zufällig sehen und nicht von Ihrem Problem wissen.

Eine weitere Möglichkeit, ein weitreichendes Signal zu setzen, stellt ein Feuer dar, das durch Wasser oder nasse Äste **starken Rauch** entwickelt. Auch wenn das direkte Feuer nicht zu sehen ist, kann man oft weithin den aufsteigenden Rauch sehen.

Legen Sie von oben sichtbare Zeichen aus. Ein **helles T-Shirt**, ein **„HELP“** aus **markanten Steinen** oder aus **Baumstämmen und Ästen**. Alles, was von oben Aufmerksamkeit auf sich zieht und erkannt werden kann, hilft.

Und wenn Sie eine **Signalpfeife** in Ihrem EDC-Pack haben, nutzen Sie diese, um Hilfe zu rufen und zu sich zu lotsen.

WAFFENBAU

Sie könnten sich einmal im Waffenbau üben. Neben dem Fallenbau kommt in Notsituationen, in denen Sie tierische Nahrung besorgen oder sich verteidigen müssen, einer entsprechenden Waffe große Bedeutung zu. Wenn Ihnen Waffen zuwider sind, werden Sie sicher kein Kurzabenteuer zu diesem Thema starten. Aber vielleicht haben Ihre Kinder Freude daran oder Sie üben nur, damit Sie es im Notfall können? Nun, es ist Ihre Entscheidung.

Einen **Bogen** können Sie mit wenigen Mitteln bauen. Unter „Mikroabenteuer mit Kindern" habe ich Ihnen dazu kurz etwas geschrieben. Wenn es nicht nur zum Spiel taugen soll, müssen Sie natürlich auf entsprechende Stabilität achten, der Bogen muss mit einer höheren Zugkraft ausgestattet werden und die Pfeile sollten, ich schreibe es ungern, tödlich für Kleintiere sein. Das erfordert einen starken Bogen, eine straffere Sehne, zum Beispiel aus Seelen aus Ihrem Paracord, und einen sehr spitzen Pfeil, an dem Sie vorn vielleicht sogar noch einen abgebrochenen scharfen Stein anbringen. Sie finden im Internet einige gute Videos dazu. Auf YouTube gibt es viele Kanäle von Outdoor-Spezialisten, die sich auch mit diesem Thema auseinandersetzen.

Ein **Speer** lässt sich ebenso schnell und einfach bauen. Dazu bedarf es keiner großen Anleitung. Ein passender Ast oder Stamm, ein Messer, und mehr braucht es nicht. Um damit im Notfall jagen zu können, ist, wie beim Pfeil, eine extra Spitze ratsam: einen Stein scharfkantig abschlagen, den Speer mit dem Messer am unteren Ende einschneiden, den Stein einschieben und mit Schnur fixieren. Sie können die Festigkeit erhöhen, wenn Sie Harz zur Verfügung haben und den Stein und die Einschnittstelle damit bestreichen, bevor Sie alles zusammenbringen.

Oder schauen Sie sich einmal ein Video zum Thema „Schleuder" an. Damit können Sie größere Distanzen überbrücken, aber es ist nicht einfach, zu treffen. Hier einmal ein direkter Link dazu:

https://www.youtube.com/watch?v=k93iTp4XTsM

Auch eine **Steinschleuder** oder „**Zwille**“ lässt sich aus einer Astgabel einfach bauen. Nur benötigen Sie dafür ein Gummi (einen alten Fahrradschlauch, ein Hosengummi oder dergleichen), um einen Stein auch wirklich mit Energie ins Ziel bringen zu können.

WIR BAUEN EINEN HOBO-OFEN

Der Hobo-Ofen oder auch Hobo-Kocher wurde von nordamerikanischen Wanderarbeitern, den „Hobos“, genutzt und diente ihnen sowohl als Kocher als auch Heizquelle, also Ofen. Es ist nichts anderes als eine Feuerstelle und eine Konstruktion, in der Regel ein Metallgefäß, bei der der Kamineffekt genutzt wird.

Heute finden Sie viele industriell gefertigte Hobo-Öfen im Outdoor-Handel und er hat einen regelrechten Boom hinter sich. Zum Beispiel gibt es ihn in Form der „Bushbox“ in eckig und zum Auseinandernehmen, sodass er besonders klein zu verpacken ist.

Dieses System ist sehr leicht und kann mit allerlei Naturmaterial beheizt werden: Holz, Tannenzapfen (ich nutze diese Variante gegen Mücken), Esbit, Teelicht, Flüssigbrennstoffe in einem Behältnis – einfach alles, was brennt und dabei genügend Wärme abgibt.

Aber am meisten Spaß macht es, sich so einen Hobo selbst zu bauen, dazu benötigen Sie nichts anderes als eine **Konservendose** und Ihr **Messer**.
Gehen Sie wie folgt vor:

1. Eine Seite der Dose sollte bereits geöffnet sein, den Deckel entfernen Sie bitte komplett.
2. In den Unterboden bohren Sie, z. B. mit dem Multitool, einige Luftlöcher.
3. Weitere Luftlöcher bohren Sie unten ringsherum und oben ringsherum.
4. Sie können zusätzlich eine große Öffnung zum Nachfüllen in die Seitenwand bringen.

5. Wenn Sie ca. 5 cm von unten ringsum an vier Stellen etwas Blech anschneiden und nach innen biegen, können Sie dort etwas als Gitter einbringen und so das Holz halten, damit Luft von unten kommt. Oder Sie stellen die Dose auf Steine, sodass wiederum die Luftzufuhr von unterhalb des Brennholzes möglich ist und so der Kamineffekt funktioniert.

Es gibt verschiedene Abwandlungen dieser Bauweise, die Sie sich im Internet anschauen und nachbauen können.

Nun können Sie Ihr kleines Feuer im unteren Teil Ihres Hobos entfachen und es entweder von oben oder von der hineingeschnittenen Öffnung an der Front aus mit Holz nähren. Die Öffnung in der Front hat den Vorteil, dass Sie Ihren Topf oder Becher nicht immer von der Feuerstelle nehmen müssen, denn Sie werden öfter Holz nachlegen müssen.

Nützlich bei so einem Ofen sind Erdnägel, wie man sie für Zelte oder Tarps bzw. Planen kennt. Sie können diese oben auf den Hobo legen und haben so eine bessere Aufstellfläche. Machen Sie zusätzlich ein paar Kerben in Ihre Konservendose und die Erdnägel werden besser halten und nicht wegrollen. Sie können Erdnägel auch durch Löcher in der Außenwand stecken und so anordnen, dass sie den Brennstoff etwas vor dem Boden halten und nur die Asche ganz nach unten durchfällt.

Ich wünsche Ihnen viel Spaß mit Ihrem selbst gebauten Hobo, so schmecken das Essen und der Tee gleich noch viel besser.

HIMMELSRICHTUNG BESTIMMEN

Wenn ich meine Mitmenschen frage, wo Süden ist, können sie mir das in der Regel im Sommer um die Mittagszeit ziemlich genau sagen. Aber das war es dann auch schon.

Wissen Sie, wie Sie die Himmelsrichtungen bestimmen können?

Allein um die Hauptrichtung aus dem Wald oder von einem anderen Ort zu seinem Ausgangspunkt, Auto oder auch Ziel zu bestimmen, ist die Kenntnis der Himmelsrichtungen von Vorteil.

Gut, Ihr Smartphone kann Ihnen die Himmelsrichtung anzeigen. Aber ehrlich, wenn Sie schon Ihr Smartphone dabeihaben, können Sie auch gleich Ihre Navigationsapp öffnen.

Sie kennen sicher den Spruch,

„Im Osten geht die Sonne auf – im Süden nimmt sie ihren Lauf,
im Westen will sie untergehen – im Norden ist sie nie zu sehen."

So können Sie schon einmal grob anhand der **Bewegung der Sonne** die Himmelsrichtungen einschätzen.

Genauer geht es mit einer **analogen Uhr** bzw. wenn Sie sich diese gedanklich vorstellen können. Auf unserer Nordhalbkugel funktioniert dies so, dass Sie den kleinen Zeiger für die Stunden in Richtung Sonne halten und nun die Mitte zwischen diesem und 12:00 Uhr suchen. Diese zeigt auf Süden. Wir nehmen immer die Winterzeit (Normalzeit). Zur Sommerzeit steht die Sonne nicht um 12:00 Uhr, sondern um 13:00 Uhr im Süden. Sie müssen also die Mitte zwischen Ihrem Stundenzeiger und 13:00 Uhr nehmen. Würden Sie Ihr Mikroabenteuer auf der Südhalbkugel erleben, wäre die Mitte Norden, die Himmelsrichtung dreht sich also um.

In der Nacht fällt diese Möglichkeit weg, da machen wir uns unsere Kenntnisse über die Sterne zunutze. Schauen Sie sich, wenn Sie ihn nicht schon kennen, den **Großen Wagen** einmal im Internet an und merken Sie sich diesen gut.

Nun suchen Sie die hintere Achse, also die Gegenseite der Deichsel, und verlängern die Verbindung (Entfernung) dieser beiden Sterne ca. siebenmal. So treffen Sie auf einen hellen Stern. Es ist der Polarstern und dieser zeigt Ihnen Norden. Auch diese Variante funktioniert nur auf der Nordhalbkugel. Dort ist der Polarstern ganzjährig zu sehen, auf der Südhalbkugel hingegen nie.

Eine weitere Art, die Himmelsrichtung zu bestimmen, ist mithilfe einer **Karte**. Nehmen Sie sich einmal Ihre Karte, bestimmen Sie Ihren gegenwärtigen Standpunkt und suchen Sie nun nach zwei markanten, vornehmlich hohen Punkten, die Sie im Gelände und auf der Karte ausmachen können. So können Sie die Karte richtig ausrichten und sehen, wo Norden ist, weil auf einer Karte oben immer Norden ist.

Wenn Sie gehört haben sollten, dass Sie an **Bäumen** und dem daran befindlichen Moosbewuchs Norden erkennen können, sollten Sie wissen, dass dies ein Irrglaube ist. Es kann stimmen, muss es aber nicht. Der Sonnenstand ist nur ein Faktor, der Einfluss auf den Mooswuchs hat. Sie könnten also in die falsche Richtung laufen. Kontrollieren Sie doch bei einem Ihrer nächsten Abenteuer einmal den Moosbewuchs und vergleichen Sie ihn mit Ihrem Kompass oder Smartphone.

WOLKEN BESTIMMEN & IHRE BEDEUTUNG

Sie haben sich bestimmt auch schon über die gewaltigsten und schönsten Wolkenkreationen gefreut und vielleicht das eine oder andere „Wolkentier" gesehen und fotografiert. Wolken können, neben dunkel, voller Regen und depressiv wirkend, auch fantastisch geformt sein – weiß, hoch aufgetürmt und von der Sonne ins rechte Licht gesetzt.

Aber können Sie die unterschiedlichen Wolkenarten auch bestimmen? Wissen Sie, was sie eventuell für Wetter ankündigen? Kennen Sie Kumulus-, Zirrus,- Altokumuli- oder Stratokumulus-Wolken?

Wäre es nicht schön, wenn Sie anhand der Wolken die Entwicklung des Wetters vorhersagen, eine Schlechtwetterfront frühzeitig erkennen und sich in Sicherheit bringen könnten? Oder wenn Ihnen die Wolken sagen „Geh raus, heute wird ein wunderschöner Tag"? Belesen Sie sich doch einmal zu Wolken und Wetterphänomenen und versuchen Sie, auf Ihrem nächsten Abenteuer das Wetter vorherzusagen.

DER LUFTDRUCK UND DAS WETTER

Wenn Sie eine Uhr mit Luftdruckanzeige besitzen oder auf Ihrem Smartphone eine entsprechende App haben, so beobachten Sie einmal den Verlauf des Luftdrucks in Abhängigkeit von der Höhe (er sinkt mit zunehmender Höhe), aber auch zu verschiedenen Wetterlagen.

Bei gutem Wetter werden Sie in der Regel einen hohen Luftdruck vorfinden, bei schlechtem einen niedrigen. Und nun achten Sie bei Ihrem Mikroabenteuer einmal auf den Verlauf. Wenn der Luftdruck in kurzer Zeit stark fällt, können Sie von einem heranziehenden Tief ausgehen und mit einer Verschlechterung des Wetters rechnen. Je schneller der Abfall erfolgt, desto heftiger wird es in der Regel.

SCHATZSUCHE

Auf Schatzsuche kann man allein, mit den Kindern oder mit der ganzen Familie gehen. Haben Sie schon einmal Menschen mit einem langen Gebilde (**Metalldetektor**) in der Hand am Strand entlanglaufen und damit den Boden abtasten gesehen? Sie tragen meist zusätzlich ein Behältnis für ihre Funde am Gürtel und wenn der Detektor anschlägt (Sie haben das Piepen bestimmt schon gehört), knien sie nieder und wühlen mit ihren kleinen Schaufeln den Boden auf.

Der „Sondengänger" hört nach einer Weile der Übung an der Art des Tones ziemlich genau, wie groß sein Fundstück ist und wie tief es liegt. Manche können sogar heraushören, ob es sich um eine Münze oder die Metallkappe einer Flasche handelt. Es gibt Sucher, die sich zum Beispiel auf Spiel- und Sportplätze oder an den Strand begeben und dort zielgerichtet nach verlorenen Geldmünzen suchen. Und die Ausbeute kann an gut besuchten Orten beachtlich sein.

Ein weiteres Kurzabenteuer könnten Sie als Geocacher erleben. Das **Geocaching** kennen viele noch als **„Schnitzeljagd"** und es geht darum, versteckte Caches zu finden.

Das Geocaching hat eine große Fangemeinde, überall sind Caches versteckt (im Wald, in der Stadt) und es gibt diverse Portale im Internet, in denen man sich vernetzen kann. Nehmen Sie einmal Ihr Smartphone zur Hand, installieren Sie sich eine entsprechende App und begeben Sie sich auf die Suche. Voraussetzung ist nur ein GPS-fähiges Gerät. Zum besseren Verständnis hier Auszüge aus einer Beschreibung:

„Eigentlich ist Geocaching ganz einfach. Jemand versteckt einen Behälter, der mindestens ein Logbuch enthält, irgendwo auf der Welt, und meldet diesen sogenannten Geocache auf www.geocaching.com an. Danach schaltet ein Reviewer den Geocache frei. Somit ist dieser Geocache dann für die Geocacher Community im Internet sichtbar. Nun kann sich jeder interessierte Geocacher die Beschreibung des Geocaches inkl. der Geocache Koordinaten aus dem Internet herunterladen und mit seinem GPS Navigationsgerät – am Anfang tut es auch ein Smartphone mit einer entsprechenden Geocaching-App – auf die Suche nach dem Geocache machen. Hat der Geocacher oder die Geocacherin den Geocache gefunden, trägt er/sie sich in das Logbuch, welches sich im Geocaching Behälter befindet, ein." (Schreibweise des Originals übernommen)

[https://geocoinshop.de/Was-ist-Geocaching-Wie-geht-Geocaching:_:47.html]

KRAFTORTE

Als Kraftorte bezeichnet man Orte, von denen eine besondere Ruhe und Energie ausgeht. Meist liegen diese im Wald. An diesen Orten kann man besonders gut „runterkommen", Energie tanken und sich mit der Natur verbinden. Es können auch Quellen, Felsen, Berge, Grotten oder Höhlen sein.

Manche dieser Orte der Kraft sind schon seit hunderten von Jahren bekannt, andere werden durch sensitive Menschen noch gefunden. Wenn es Sie interessiert: Auf Facebook gibt es zum Beispiel Gruppen, in denen ausschließlich über Kraftorte gesprochen wird und in denen Sie viele dieser Orte finden werden.

LOST PLACES

„Vergessene Orte“ – magisch, geschichtsträchtig, manchmal schauderhaft. Sie sind ein Tor zur Vergangenheit.

Wo finden Sie solche Lost Places?

Alte Bunker aus Zeiten der Weltkriege oder des Kalten Krieges, als die Regierungen sich unterirdisch über einen möglichen erneuten Kriegsfall retten und arbeitsfähig halten wollten.

Alte Kanalisationen, die noch so manche Stadt als „Unterwelt“ durchziehen und teilweise gut begehbar sind.

Verlassene **Truppenübungsplätze** und Militärobjekte, die entweder begehbar sind oder heimlich begangen werden. Alte Hafenanlagen, Industrieanlagen, Krankenhäuser, Sanatorien, Wehranlagen.

Es gibt viele Orte, die verfallen und der Natur langsam, Schritt für Schritt, zurückgegeben werden. Es ist ein Abenteuer, sie zu finden, zu begehen und Fotos von längst vergessenen Zeiten entstehen zu lassen.

GROTTEN UND HÖHLEN

Noch immer gibt es in Deutschland tatsächlich unerforschte Grotten und Höhlen. In ihnen kann man noch Knochen von Vorfahren finden und andere Dinge. Es gibt aber auch viele begehbare, gesicherte und unterhaltene Höhlen, Stollen und unterirdische Seen.

Sie sollten nicht, wie Kai Sackmann, mit Ausrüstung, aber allein in Höhlen kriechen. Dieses Abenteuer könnte Ihr letztes sein. Aber eine gebuchte Führung oder eine gestattete Begehung ohne Führung ist in vielen Höhlen möglich.

Hier finden Sie die zehn schönsten Höhlen in Deutschland laut ADAC:

https://www.adac.de/reise-freizeit/reiseplanung/inspirationen/deutschland/top-hoehlen-in-deutschland/

GEWÄSSER ÜBERQUEREN

Stellen Sie sich auf einem Ihrer Abenteuer einmal der Aufgabe, ein Gewässer zu überqueren. Natürlich nicht mit der Fähre oder dem Boot; bauen Sie sich selbst etwas.

Ein **Floß** zum Beispiel. Suchen Sie Holzstämme, legen Sie diese nebeneinander, dann je links und rechts einen dicken Ast unten und oben nah an den Stammenden, und verbinden Sie die überstehenden Äste auf jeder Seite so, dass das obere und das untere Ende fest verbunden sind und die Stämme dadurch nicht auseinandertreiben können. Wenn Sie irgendeinen Hohlkörper mit starkem Auftrieb finden, können Sie versuchen, darauf ebenfalls Holz zu fixieren, auf das Sie klettern können.

Oder Sie **schwimmen**. Dazu legen Sie Ihren **Poncho**, Ihr **Tarp** oder Ihre **Plane** auf den Boden, sämtliche Ausrüstung und ablegbaren Kleidungsstücke dazu und versuchen, das Ganze, unter so viel Lufteinschluss wie möglich, oben zu verknoten. Wenn Sie leere Plastikbehälter oder Ähnliches finden, packen Sie sie dazu, da dies Ihnen zusätzlichen Auftrieb im Wasser verschafft. Dieses Gebilde bringen Sie nun schwimmend über das Gewässer und können sich, je nach Auftriebsstärke, daran sogar noch selbst entlasten, wenn es Sie ein wenig mitträgt.

Wenn Sie ein fließendes Gewässer überqueren müssen, gehen Sie immer weit oberhalb der geplanten Ausstiegsstelle ins Wasser und schwimmen Sie nicht gegen die Strömung. Ein rechtwinkliges Überqueren ist bei Strömung nicht möglich. Sie werden immer flussabwärts abgetrieben werden und das kalkulieren Sie bitte ein und kämpfen nicht gegen das Wasser.

> Aber gehen Sie kein Risiko ein. Wenn Sie keine Erfahrung haben, nicht schwimmsicher und dazu noch allein sind, ist dies keine gute Idee für ein Mikroabenteuer.

WIR ÜBEN UND NUTZEN FUNKVERKEHR

Haben Sie sich schon einmal mit Funkverkehr befasst? Waren Sie in Ihrer Jugend vielleicht CB-Funker oder sind als Kind mit Ihren Freunden mit Walkie-Talkies durch die Gegend gelaufen?

Funken kann nicht nur ein schönes Hobby sein und Zeit vertreiben, es kann auch Menschen verbinden, Kinder vom Handy weg und in die Natur bringen. Kranke und behinderte Menschen, die nicht mehr aus dem Haus kommen, können über Funk einen gewissen Sozialkontakt halten. Ich sehe das vor allem in den CB-Ortsrunden immer wieder. Da kommunizieren, zu festgelegten Zeiten, viele Funkfreunde miteinander, jeder hört jeden und es entstehen und halten Freundschaften. Aber auch, wenn es einem Funkfreund einmal schlecht geht, sendet er ein „CQ" in die Runde (CQ ist ein Code aus dem CB- und Amateurfunk) und ein anderer Funkfreund meldet sich. So kann zugehört, Hilfe geholt und gegeben werden.

In Zeiten von Pandemie und Überschwemmungen sind die Funkanwendungen wieder zu mehr Leben erwacht und haben sich als „Notfunk" bewährt. Wo der digitale BOS-Funk (Polizei, Feuerwehr) ausgefallen war, haben die Funkfreunde die Kommunikation übernommen. So wurden zum Beispiel für das Ahrtal und Umgebung 2021 von diversen Funkgruppen Handfunkgeräte gespendet, um der Bevölkerung und den Helfern eine Kommunikation zu ermöglichen.

Wenn Sie Interesse an diesem Thema haben, beginnen Sie, mit Ihren Kindern und der nötigen Anzahl Handfunkgeräte einmal zu funken.

Als Walkie-Talkie kann ich Ihnen den „**PMR446**" Funk und dafür gedachte Geräte empfehlen. Dieser Funkdienst ist für alle kostenlos und frei verfügbar und die Geräte sind über die Ländergrenze hinweg erlaubt. Die genauen Bestimmungen der Nachbarländer schlagen Sie aber notfalls bitte im Internet noch einmal nach. PMR446 bietet Ihnen 16 analoge Funkkanäle. Es gibt auch digitale Kanäle, aber die Geräte sind teurer und nicht immer kompatibel. Ich würde Ihnen also rein analoge Geräte empfehlen, sie reichen aus.

Ein zweiter, für alle frei nutzbarer Funkbereich ist das „**Freenet**" mit seinen sechs analogen Kanälen. Auch hier gibt es digitale Kanäle und Geräte, aber verbreitet und am kompatibelsten sind die analogen Endgeräte. Freenet hat jedoch die Besonderheit, dass dieser Frequenzbereich **ausschließlich in Deutschland** zur Nutzung freigegeben ist. Sobald Sie also an Abenteuer im Ausland denken oder Ihren Urlaub dort verbringen und Funkgeräte zur Kommunikation zwischen den Fahrzeugen nutzen möchten, kommt Freenet dafür nicht infrage.

Dann gibt es noch den **weltweiten CB-Funk**. Dies ist die älteste Funkanwendung für „jedermann" (also ohne Lizenz) und gerade dieser erfährt in der letzten Zeit wieder einen Boom.

Das liegt daran, dass die meisten CB-Funker in den 1990ern ihr Hobby aufgegeben haben. Die Entwicklung ging immer mehr in Richtung Handy und die Gesprächspreise sanken irgendwann so weit, dass lange Unterhaltungen möglich wurden. SMS, WhatsApp usw. haben weiter dazu beigetragen.

Speziell nach Ausbruch der Pandemie und den damit einhergehenden Einschränkungen der Sozialkontakte holten viele ehemalige Funker ihre „Kisten" wieder aus den Kellern und Abstellkammern und „reanimierten" sie. Auf Frequenzen, auf denen über viele Jahre relative Funkstille herrschte, hörte man nun immer öfter Leute „rufen" (QC, CQ – allgemeiner Anruf, hier XYZ) und dann miteinander sprechen. Es entstanden wieder Ortsrunden und sie bekamen Zulauf. In Folge wuchs auch der Markt und seit einiger Zeit werden wieder neue Geräte entwickelt, produziert und gern gekauft.

Immer öfter hören wir die Frage: „Wir (Freunde, Familie, Bekannte) wohnen in unserer Gegend x Kilometer auseinander, mit welchen Geräten und Frequenzen können wir uns eine Funkverbindung, für den Fall XYZ, aufbauen?" Und hier kommt der CB-Funk mit seinen gestatteten externen Antennen, Feststationen und Reichweiten ins Spiel. Zudem stehen Ihnen in Deutschland 80 FM-Kanäle und 40 AM-Kanäle zur Verfügung. Genutzt wird meist FM. Die Betriebsarten AM und SSB werden seltener gewählt und wenn, dann eher von Fernfahrern (AM) und Funkern, die DX(Weit)-Verbindungen herstellen wollen.

Wenn Sie ein PMR-, Freenet- oder CB-Funkgerät dabeihaben, hören Sie doch einfach einmal bei Ihren Abenteuern in die Kanäle rein. Oder lassen Sie Ihr Gerät die Kanäle abscannen. Im Wald werden Sie kaum etwas hören, da sind diese Geräte in erster Linie für Sie und die begleitenden Personen interessant; in Stadtnähe sieht das schon anders aus. Hier in meiner Großstadt höre ich mitunter auch Handwerker und Bauschaffende, wenn sie sich rufen, abstimmen oder einweisen.

Welches Band für welche Anwendung?

Wenn Sie in Deutschland bleiben und weniger Kinder auf dem Kanal haben möchten (diese nutzen eher PMR), ist Freenet geeignet.

Wenn Sie Ihr Funkgerät auch im Ausland nutzen und mehr Kanäle zur Verfügung haben möchten, empfehle ich Ihnen PMR. Diese Geräte haben auch eine größere Verbreitung und vielleicht hat einer Ihrer Abenteuerpartner schon eins. Sie werden auch gern von Gleitschirmfliegern und Kletterern genutzt. Aber haben Sie keine überzogene Vorstellung von den Reichweiten im bebauten Gelände oder im Wald.

Wenn Sie etwas Festes im Auto einbauen, eine Heimstation betreiben oder größere Reichweiten erzielen wollen, kommt der CB-Funk für Sie infrage. Zwar gibt es auch dafür Handfunkgeräte, aber diese haben aufgrund der Frequenz/Wellenlänge, die sie nutzen, keine gute Reichweite. Auf dem Auto können Sie eine Außenantenne und zu Hause eine Dach- oder Balkonantenne, installieren. Je besser der Standort und die Höhe der Antenne sind, desto besser werden die Reichweiten.

Bei Freenet und PMR sind die Antennen fest mit dem Funkgerät verbunden und in der Länge nicht anpassbar.

Fazit und mein Tipp:

Für das Mikroabenteuer wählen Sie eher ein PMR-Handfunkgerät, für Reichweite, Auto und Grundstück CB.

SHORTWAVE LISTENING

Aber es gibt auch noch eine andere interessante Beschäftigung für ein kurzes Abenteuer. Betätigen Sie sich doch einmal als „**Shortwave Listener**".

SWL = Shortwave Listening; bedeutet: „Kurzwelle hören".

Wie das geht?

Wir nehmen unseren Rucksack und packen ein:

- eine Taschenlampe
- einen Weltempfänger oder ein Radio, das **Kurzwelle** empfangen kann
- ein paar Meter Draht

Das Ganze beginnt in den Abendstunden, denn die entsprechenden atmosphärischen Gegebenheiten, die uns die gewünschten Ausbreitungsbedingungen und Sendereichweiten bieten, kommen und verbessern sich in der Nacht. Jetzt haben wir die Möglichkeit, weit entfernte Sender, aus aller Herren Länder, in allen möglichen Sprachen, zu empfangen. Die Jagd kann beginnen.

Tipp:

Drucken Sie sich vorher eine Liste mit gängigen Frequenzen aus und suchen Sie notfalls gezielt nach den belegten Frequenzen. Sie werden sich fühlen wie vor unzähligen Jahren, als es noch keine Radiosender im UKW-Band gab; Sie werden einen Klanggenuss kennenlernen oder wiederentdecken, vergleichbar mit alten Plattenspielern, bei denen Nadel und Platte ihre besten Zeiten schon hinter sich hatten.

Es ist ein Abenteuer, eine Jagd. Sender „kommen und gehen", das heißt, der Empfang schwankt durch die ständige Veränderung der atmosphärischen Schichten.

Vielleicht treffen Sie auch auf einen Zahlensender oder deutschsprachige Sender aus anderen Ländern. Das Ganze kann sogar ein wenig Spionageflair bekommen, denn zu Zeiten des Kalten Krieges wurden Informationen durch Agenten auch per Zahlen „nach Hause" chiffriert.

Werfen Sie die Antenne aus und spielen Sie mit Lage und Länge. Letztere hat eine wichtige Auswirkung auf den Empfang, denn eine Antenne arbeitet am besten, wenn sie ein bestimmtes Längenverhältnis zur Wellenlänge des Bandes und der empfangenen Frequenz hat.

Einige von Ihnen haben auf alten Röhrenradios vielleicht schon einmal die Skalen mit Sendernamen (Leipzig, Berlin, Moskau, London usw.) und dazu eine Angabe in Metern gesehen. Diese Angabe bezeichnet das Band (Wellenlänge in Meter), in dem der entsprechende Sender sendet.

Wer es präzise und technisch mag, kann aus 300.000 (die Ausbreitungsgeschwindigkeit von Radiowellen) geteilt durch die Frequenz die Wellenlänge berechnen. Diese, bzw. ½ oder ¼ davon, ergibt dann die optimale Länge für Ihren Antennendraht.

Probieren Sie es aus, gerade für interessierte Kinder könnte dies ein schönes Abenteuer werden. Manch einer ist danach zum aktiven Funker geworden.

WIR FAHREN PANZER

Wollten Sie schon immer einmal Panzer oder SPW fahren oder es versuchen? Haben Sie es vielleicht in Ihrer Wehrdienstzeit gelernt und möchten wissen, ob Sie das „Eisenschwein" noch sicher über den Sand bewegen?

Es gibt diverse Angebote, zum Beispiel auf dem einen oder anderen stillgelegten Militärgelände und Truppenübungsplatz. Ganz billig sind diese Fahrten nicht, denn der Fuhrpark hat seinen Preis in Anschaffung und Wartung. Über das Internet finden Sie schnell mögliche Ziele in Ihrer Umgebung und vielleicht haben Sie Glück und der Anbieter hat gerade eine Fahrt günstiger im Angebot.

Hier zwei Beispiele, was Sie erwarten könnte:

https://www.panzerfahren.de/

https://www.panzer-power.de/

Fotografie

Sie haben einen Fotoapparat? Es spielt keine Rolle, ob es eine Profikamera, eine kleine Taschenkamera oder eine alte Praktika mit Film ist. Das Foto hängt vom Fotografen ab, weniger von der Kamera. Die meisten Urlaubsfotografen beherrschen ihre Kamera sowieso nicht und schlechte Fotos sind oft eine Folge falscher Bedienung oder mangelnder Kenntnisse.

Suchen Sie sich schöne Objekte aus und probieren Sie. Wenn Sie auf die Automatik angewiesen sind, versuchen Sie, mit Standpunkt, Bildausschnitt und Lichtstimmung zu arbeiten. Versuchen Sie einmal, etwas „in Szene“ zu setzen. Fangen Sie unwiederbringliche und seltene Momente ein. Oder besonders lustige Szenen.

Warten Sie auf einer Brücke und schauen Sie beim Schleusen der Boote zu. Erkennen Sie im Vorfeld, was gleich passieren könnte, und halten Sie mit Ihrer Kamera darauf. Halten Sie längst vergessene Plätze fest oder ein wunderschönes Lagerfeuer.

Wenn Sie auf die Automatik verzichten können und mit Blende, Belichtungszeit und ISO arbeiten, muss ich Ihnen ja nicht erklären, wie die Welt der Fotografie funktioniert. Ihnen, wie auch allen anderen, wünsche ich die tollsten Aufnahmen.

Und wie sagten wir früher immer?

„Die Sonne lacht – nimm Blende 8.“

Mit dem Fahrrad auf Tour

Die Radwanderung, beliebt bei Jung und Alt. Wikipedia sagt dazu:

„Beim Radwandern steht das bewusste Erleben der Landschaft und des Fortbewegens im Mittelpunkt, im Gegensatz zur Fahrradtour, wo das Erreichen eines Zielortes der Schwerpunkt ist, oder zum Radsport, wo das Zurücklegen einer bestimmten Strecke, oft auch in möglichst kurzer Zeit, der Zweck der Unternehmung ist."

[https://de.wikipedia.org/wiki/Radwandern]

Egal, wie Sie Ihre Tour, Ihr kleines Abenteuer, mit dem Fahrrad angehen und planen, ob im Gelände, auf speziellen Parcours, über eine Baumallee oder als Runde um den See – Hauptsache, Sie sind in der Natur und können es genießen.

Ob Sie von zu Hause aus starten und eine Tagestour unternehmen oder irgendwo übernachten und am nächsten Tag zurückkommen, ob Sie von der Arbeit weg starten oder vom angemieteten Campingplatz, spielt keine Rolle. Es gibt immer eine Möglichkeit, sich dem Fahrradfahren hinzugeben und die Natur zu erleben.

Auf der Seite *https://www.rad-reise-service.de/radwandern-deutschland.html* finden Sie viele interessante Informationen rund ums Fahrrad und verschiedene Wanderwege, Routen und Ziele.

Wasserwandern und Wasser erleben

Auch auf dem Wasser kann man wandern. Sie können sich ein Boot mit Motor, Segel oder Rudern, ein Kanu, ein Schlauchboot oder auch ein Board zum SUP (Stand Up Paddling) mieten, wenn Sie noch keines der aufgezählten Ihr Eigen nennen. Manchmal gehört ein Boot auch zu einer Urlaubseinmietung dazu oder Sie kennen jemanden, der Ihnen etwas leiht.

Eine Paddeltour allein oder im Zweier, über den See oder von See zu See, mit Übernachtung am Strand, sind nur einige Möglichkeiten. In vielen Städten mit Flüssen finden Sie Anlegestellen und Bootsverleihe, es sollte also kein Mangel bestehen.

Mit den Kindern an den See und das Schlauchboot aufgepumpt: ein Riesenspaß. Oder einmal mit den Kumpels und ein, zwei Flaschen Bier aufs kühle Nass. Es gibt auch Hausboote zu mieten, auf denen man nicht nur den Urlaub verbringen, sondern auch mal eine kleine Party feiern kann.

Wir bauen eine Sonnenuhr

Sicher haben Sie bereits eine Sonnenuhr gesehen und versucht, an ihr die Zeit abzulesen. Aber haben Sie schon einmal eine selbst gebaut? Ich zeige Ihnen, wie es gehen kann:

→ Stecken Sie einen geraden Stock senkrecht in den Boden.

→ Befestigen Sie eine Schnur am oberen Ende und ziehen Sie mit dem anderen Ende einen Kreis um den Stab in den Boden.

→ Markieren Sie, zum Beispiel mit Steinen, die Stunden, indem Sie den Kreis halbieren, vierteln usw. Wie fein Sie die Skala gliedern, ist Ihnen überlassen, am genauesten ist die Uhr aber mit allen 24 Stunden oder wenigstens 12 Stunden/Steinen für den Halbkreis der Sonnenzeit.

→ Nun beobachten Sie den Schattenverlauf des Stockes. Wenn die Sonne am höchsten steht, also der Schatten des Stabes am kürzesten ist, zeigt sie 12:00 Uhr (in der Sommerzeit 13:00 Uhr) an.

Sie können Ihre Sonnenuhr auch genauer einstellen, indem Sie auf Ihre eigene Uhr schauen und den Stein für die entsprechende Zeit genau auf den Schatten platzieren.

Auch können Sie die Sonnenuhr zur **Bestimmung der Himmelsrichtungen** verwenden. Wenn die Sonne aufgeht und der Schatten sehr lang ist, fällt dieser auf Westen, denn *„im Osten geht die Sonne auf"*. Um die Mittagszeit, also zum Höchststand der Sonne und dem kürzesten Schatten, zeigt dieser nach Norden, denn *„im Süden macht sie ihren Mittagslauf"*. Dann wird die Sonne weiterwandern und sich der Schatten in Richtung Osten bewegen, denn *„im Westen will sie untergehen"*.

Wenn der Schatten also am kürzesten ist, haben Sie die Nord-Süd-Achse gefunden. Es ist dann genau 12:00 Uhr zur „Normalzeit" und 13:00 Uhr in der Sommerzeit. Und wenn Sie 06:00 Uhr morgens und 06:00 Uhr abends verbinden, haben Sie auch die Ost-West-Achse.

Wenn es Winter wird

Der Winter hat auch seine schönen Momente. Mit den Kindern einen **Schneemann** bauen oder ein **Iglu**. Sie können eine **Skitour** unternehmen oder Sie gehen in den Wald und bauen sich **Schneeschuhe**. Dazu benötigen Sie Ihr Messer und etwas Schnur, den Rest finden Sie im Wald.

→ Schneiden Sie sich einige (zwei bis vier) daumenstarke Zweige zurecht. Sie sollten lang genug sein, um vor und hinter Ihrem Fuß noch genügend Raum abzudecken. Als Anhaltspunkt können Sie sie vom Boden bis unter Ihre Arme abmessen und dort abschneiden.

→ Für die Querstreben schneiden Sie drei weitere Zweige zurecht. Diese müssen länger sein, als Ihre Schuhe breit sind.

→ Die Langhölzer binden Sie auf einer Seite fest zusammen.

→ Dann legen Sie das erste Querholz auf und befestigen die Enden an den äußeren Langhölzern.

→ Dann legen Sie ein weiteres Querholz ein Stück hinter dem ersten auf und wieder befestigen Sie es an den äußeren Langhölzern. So wird der Schneeschuh gespreizt.

→ Anschließend die Langhölzer am anderen Ende zusammenbringen und zusammenbinden.

→ Zum Schluss das dritte Querholz auflegen und fixieren.

Wenn Sie alles richtig gemacht haben, sollten die Schneeschuhe breit genug für Ihre eigenen Schuhe sein, vorn und hinten noch eine größere Fläche zur Lastverteilung haben und Ihr Fuß sollte mittig mit dem Ballen auf zwei und die Ferse auf einem Querholz stehen.

Wenn Sie junge, biegsame Zweige finden, können Sie alternativ die Langhölzer aus der Anleitung durch einen Zweig ersetzen. Biegen Sie ihn so, dass sich die Enden berühren, und binden Sie diese zusammen. Wenn Sie den Ast erwärmen, wird Ihnen dies leichter gelingen. Der so gebogene Zweig sollte die Form eines Tennisschlägers haben. Dann werden ein Geflecht aus vielen Längs- und Querstreben aufgelegt und zum Schluss drei tragfähige Querhölzer angebracht, wie zuvor beschrieben.

Und ab geht es in den Schnee.

Jakobsweg u. a.

Es gibt viele schöne Wanderwege in Deutschland, die in der Literatur ausreichend beschrieben sind. Besonders bekannt und für manchen auch der erste Kontakt mit diesem Thema ist der Jakobsweg.

Wer kennt nicht Hape Kerkelings einfühlsames Buch:

„**Ich bin dann mal weg** Meine Reise auf dem Jakobsweg" ISBN: 3-89029-312-3

Liebenswert, ruhig und selbstkritisch zugleich, gespickt mit einer gehörigen Portion Humor, beschreibt er darin „seinen Weg zu Gott", seine Zeit auf dem Jakobsweg. Und so hat er viele angesteckt, es ihm gleichzutun. Nicht jeder ist den Jakobsweg gegangen, mancher nur ein Teilstück, ein anderer hat einen anderen Weg für seine spirituelle Wanderschaft gewählt. Es spielt auch keine Rolle, welchen Weg man geht. Wie man ihn geht, ist das Geheimnis, wenngleich die Gegend und die Geschichte des gewählten Weges keine unbedeutende Rolle spielen. Ich sage immer, „Alles hat seine Zeit", und so wird auch Ihr Weg, wenn Sie ihn denn gehen wollen, zur richtigen Zeit zu Ihnen finden.

Es gibt nicht „den einen" Jakobsweg. Es gibt Jakobswege durch Europa; allein in Deutschland werden dreißig aufgezählt. Wenn Sie ein europäischer Jakobsweg interessieren könnte, vielleicht wohnen Sie ja auch grenznah, kann ich Ihnen folgende Seite für Ihre Vorbereitung empfehlen:

http://www.jakobswege-europa.de/wege/

Die deutschen Jakobswege finden Sie unter:

http://www.deutsche-jakobswege.de/wege-uebersicht.html

Aber es gibt auch andere schöne Pilgerwege in Deutschland, die Sie gehen können:

- Lutherweg
- Eifelsteig
- Hünenweg
- Crescentia-Pilgerweg
- Hermannsweg
- Bonifatius-Route
- Deutsche Märchenstraße

sind nur einige davon. Wenn Sie mehr darüber wissen und sich Anregungen holen möchten, könnten Sie zum Beispiel hier fündig werden:

https://reisemagazin.reiseschein.de/pilgerwege-in-deutschland/

Und bei „Wildganz“ finden Sie Vorschläge für die schönsten Wanderwege auch nach Bundesländern sortiert:

https://www.wildganz.com/deutschland/pilgerwege

Ich wünsche Ihnen viel Spaß beim Wandern und vielleicht bei Ihrem Weg zu sich selbst.

Kirchen und Kathedralen

Kirchen, Kathedralen, Dome und andere große Bauwerke ziehen seit jeher Menschen magisch an. Wir lassen einmal die dunkelsten Zeiten der Kirche außen vor. Aber auf zahlreiche Pilger, Städtebesucher und andere Wandersleute üben diese Gebäude in ihrer Macht, Größe und Schönheit einen großen Bann aus.

Scharenweise strömen Reisegruppen herbei und in die Bauwerke. Ich suche mir lieber abgelegene, ruhige Orte, die mich nicht weniger fesseln und die Geschichte der Steine und der Menschen atmen lassen. Es muss nicht der Kölner Dom sein, wenngleich man ihn nicht umgehen sollte, wenn man in der Nähe ist.

Wenn Sie in so einem alten Gebäude stehen und sich bewusst werden, wie viel menschliches Leid und Elend es bereits gesehen hat, können Sie vielleicht Ehrfurcht und Dankbarkeit für jede gesunde, glückliche Stunde empfinden. Sie müssen sich nur hingeben und den Kopf ausschalten. Schauen Sie einmal weniger auf die tollen Fenster und die goldenen Statuen, fühlen Sie die Zeit und das Gebäude einmal mit Ihrem Herzen. Diese Gabe ist nicht jedem gegeben, aber allemal eine „Reise“ wert.

Entsprechende Gebäude finden Sie in jedem Bundesland und in jeder Gegend, wenn Sie nicht nur auf die Größe Wert legen. Die Erbauer und Nutzer sind vielfältig. Ob katholisch, evangelisch, orthodox oder alt-katholisch, sie alle sind einzigartig und einen Besuch wert. Ich spreche hier bewusst nicht von „Abenteuer“, denn dieser Begriff trifft den Kern eines solchen Besuches nicht.

Sicher werden Sie schon von den bekanntesten Kirchen gehört haben:

Die **Frauenkirche in Dresden** (Sachsen) wurde im Zweiten Weltkrieg fast komplett zerstört und zwischen 1994 und 2005 wieder aufgebaut. Wenn Sie also einmal die Landeshauptstadt der Sachsen besuchen, schauen Sie sich doch die Frauenkirche, den Dresdner Zwinger, die Semperoper und die vielen anderen Sehenswürdigkeiten an.

Besonders geschichtsträchtig ist die **Nikolaikirche in Leipzig**, die Kirche, die entscheidende Bedeutung im Vorfeld und während des „Herbst ´89“ gewann und mit ihrem damaligen und leider bereits verstorbenen Pfarrer Führer (sein Name) wesentlich an der friedlichen Revolution beteiligt war.

Und wenn Sie schon einmal in Leipzig sind: Sehenswert sind auch das Gewandhaus, die Oper und das neu erbaute Paulinum sowie die Aula und die Universitätskirche „St. Pauli“, die an dem Ort modern wieder errichtet wurde, wo Walter Ulbricht 1968 die Paulinerkirche sprengen ließ.

Für Köln-Besucher lohnt sich natürlich der **Kölner Dom**, ebenso bekannt, groß und mächtig.

Berlin bietet viele schöne Kirchen, aber als Muss gilt dort der **Berliner Dom** auf der Spreeinsel. Wenn Sie deutsche Geschichte nacherleben wollen, gehen Sie einmal nach Berlin-Pankow und schauen Sie sich die **Gethsemanekirche** an. Auch sie wurde 1989 zu einem Brennpunkt der friedlichen Revolution.

Der **Aachener Dom**, der **Erfurter Dom**, der **Hamburger Michel**, das **Bonner Münster** – Sie sehen, es gibt eine schier unzählbare Auswahl an Möglichkeiten und lohnenswerten Gebäuden in allen Bundesländern Deutschlands.

Wenn ich Sie auf den Geschmack gebracht habe, schauen Sie doch einmal hier nach, wohin Ihr nächster Trip gehen könnte:

https://www.voucherwonderland.com/reisemagazin/kirchen-in-deutschland/

https://reisemagazin.reiseschein.de/kirchen-in-deutschland/

Städtetrips

Ich glaube, das versteht sich von selbst: Wenn Sie ein Kurzabenteuer erleben wollen, sind bestimmte Städte immer eine Reise wert; ob Sie nun mit dem Zug in eine Stadt fahren und dort nächtigen oder zurück trampen, ob Sie mit dem Rad unterwegs sind, vielleicht von Ihrem Urlaubsort aus täglich zu einem anderen Mikroabenteuer aufbrechen. Sie können auch eine Busreise buchen oder sich einfach an den zentralen Abfahrtspunkt der Fernbusse in Ihrer Stadt stellen und spontan in irgendeine andere Stadt mitfahren. Es gibt viele Wege „nach Rom" und so auch in eine interessante Stadt unserer Heimat.

Natürlich können Sie auch einen Last-Minute-Flug nehmen und auf dem Airport entscheiden, wohin Sie Ihr Abenteuer führen soll. Früh geht es hin, und abends oder am nächsten Tag wieder zurück.

Leipzig – Berlin – Hamburg – Stuttgart – Frankfurt – Madrid – Prag.

Laufen, fahren, fliegen Sie los. Als Gepäck reicht ein Rucksack mit Wechselwäsche, Essen, Trinken, Geld und, wenn es ins Ausland gehen soll, Ihrem Pass. Machen Sie es einfach. Schauen Sie, wohin Sie der erste Gedanke treibt. Oder planen Sie, suchen Sie sich Ihr Städteziel bewusst aus und belesen Sie sich vorher. Kaufen Sie Kartenmaterial und notieren oder markieren Sie schon Ihre Ziele. Dafür gibt es diverse Städteführer in Buch- oder Kartenform und auf Internetseiten.

Hier eine kleine Auswahl für Sie:

https://travellersarchive.de/reisetipps/urlaub-in-deutschland/schoenste-staedte-deutschlands/

http://www.staedte-reise.net/thema/stadtfuehrer-deutschland/

https://www.voucherwonderland.com/reisemagazin/schoenste-staedte-deutschlands/

Auf den Spuren der Dichter, Denker, Philosophen und Musiker

Die deutsche Geschichte hat viele große Köpfe gesehen: hervorragende Dichter, Denker, Komponisten und Musiker, Philosophen, Feldherren und mehr. Manche kamen aus Deutschland und wurden in der ganzen Welt berühmt, andere besuchten Deutschland als weltweit bekannte Vertreter ihrer Art.

Vielleicht haben Sie ein ganz bestimmtes, ein tieferes Verhältnis zu Literatur, Philosophie oder Musik. Vielleicht interessiert Sie aber auch einfach deutsche Geschichte. Oder Sie leben in der Nähe einer Stadt, in der einer dieser Menschen gelebt, gearbeitet, genächtigt oder anderweitig bleibende Werte und Erinnerungen an sich und seine Geschichte hinterlassen hat.

Einstein, Goethe, Schiller, Rilke, von Kleist, Heine, Leibniz, Masur, Napoleon – ich könnte diese Kette endlos fortführen, sie alle haben ihre Spuren hinterlassen, sei es durch ihre wissenschaftlichen Entdeckungen, ihre malerischen oder poetischen Kunstwerke, ihre unvergessenen Kompositionen oder ihr politisches Handeln. Begeben Sie sich doch einmal auf die Reise, um ihnen zu folgen.

Mikroabenteuer mit Kindern

Unsere Kleinen und Großen – wer Kinder hat, weiß um die unwiederbringlichen Momente, die wir mit ihnen erleben. Wer sich an seine Kindheit und Jugend erinnert, wird vielleicht sehnsüchtig an die Zeit zurückdenken, an die vielen Streiche und Erlebnisse mit den Eltern oder Spielgefährten.

Vielleicht aber auch an die Zeit des Erwachsenwerdens, die Abnabelung von den Eltern, das Hinausziehen in die große, weite Welt. Und erst später kommt die Wehmut über die schöne, aber vergangene Zeit. Wer von Ihnen dies bereits als Eltern erlebt hat, wird wissen, wie einzigartig, wie unwiederbringlich jede Stunde, jede Minute mit unseren Kindern ist.

Wann immer Sie die Chance haben, eins Ihrer Mikroabenteuer gemeinsam mit Ihren Kindern zu erleben, sollten Sie sie nutzen. Die Jahre, in denen Sie Kinder dazu veranlassen können, Zeit gemeinsam mit Ihnen zu verbringen, sind sehr begrenzt, heute mehr als noch in unserer Kindheit und Jugend.

Und so möchte ich Ihnen auch hierfür ein paar Ideen vorschlagen.

Drachenfliegen

Kaufen Sie einen Drachen und ab in die Natur mit Ihren Kindern. Eine Thermosflasche mit Tee eingepackt, etwas zum Naschen und dann warm angezogen und dem Wind getrotzt.

Oder noch besser, *bauen* Sie mit Ihrem Kind selbst einen Drachen. Eine stabile, aber leichte Tüte, ein Skelett (Kreuz) aus zwei Plastikstrohhalmen gebastelt (das können Sie mit einer Nadel und etwas Zwirn) und dann das Kreuz in die Tüte gesteckt. So sollte es ein Quadrat ergeben und Sie schneiden ab, was übersteht. Nun müssen Sie nur noch Zwirn an den oberen beiden Punkten und am Kreuzpunkt der Halme anbringen (mit der Nadel können Sie die Tüte und Halme durchstechen und das Zwirn durchführen) und

Sie haben die Aufnahme für Ihre Halteschnur. Diese kann aus leichter Angelschnur bestehen, da der Auftrieb des kleinen Drachens gering sein wird.

Unten werden die beiden anderen Enden der Halme ebenfalls mit etwas Zwirn verbunden und ein kleiner Schwanz wird angebracht, so, wie Sie es kennen und bei jedem Drachen sehen. Und dann geht es ab, entgegen der Windrichtung. Ich schreibe das, weil ich oft genug Kinder mit ihren Eltern gesehen habe, die mit ihrem Drachen mit dem Wind rannten. Und das funktioniert auch nach einer Stunde noch nicht. Falls der Drachen Purzelbäume schlägt, wird der Schwanz als Gegengewicht etwas beschwert oder verlängert.

Natürlich können Sie auch Holzleisten verwenden, das passende Papier dafür kaufen und dann basteln. Ich habe hier beschrieben, wie wir es früher mit unseren Schulmilchtüten gemacht haben, und wir waren die glücklichsten Kinder auf der Wiese und haben über die Abstürze der gekauften Birnen (eine Form eines Drachens) gelacht. „Selbst ist das Kind."

Wassermühle

Haben Sie irgendwo eine Wasserquelle oder einen Wasserlauf in der Nähe? Dann können Sie eine Wassermühle bauen: Zwei Astgabeln links und rechts des Wasserlaufes in den Boden gesteckt, einen geraden Ast in der Mitte mit dem Messer durchstoßen und dort Teile eines Joghurtbechers, flachen Holzes oder Ähnliches durchgesteckt – Hauptsache, es kann durch das Wasser mitgenommen werden und überträgt die Bewegung auf den Ast. Dann den runden Ast links und rechts in die Gabeln legen und sich darüber freuen, wie das Wasser den Ast in eine Drehbewegung versetzt.

Murmelbahn

Können Sie sich noch an die Kugelbahnen Ihrer Kindheit erinnern? Sand, Lehm oder anderes geeignetes Material findet sich schnell. Nur ein paar Murmeln sollten Sie dabeihaben, da das Selberschnitzen zu lange dauern würde. ☻

Stockbrot

Wenn Sie ein Feuer entfachen, z. B. im Garten oder bei einer geeigneten Feier (etwa auf Feuerwehrfesten), ist es Zeit für ein zünftiges Stockbrot.

Es braucht nicht viel dafür:

- Mehl (500 g)
- Wasser (250 ml)
- Trockenhefe (Packung zu ca. 9 g)
- Salz (2 TL)
- Olivenöl (2–4 TL)
- Zucker (je nach Geschmack)

Alles fein vermischen und kneten, da kann man die Kinder schon einmal tatkräftig mitmachen lassen, und dann abgedeckt ruhen lassen. Normalerweise reichen 30 Minuten, bis sich das Volumen verdoppelt hat.

Mein Tipp:
Lassen Sie den Teig länger ziehen, so vermindern sich die FODMAP. Das sind Kohlenhydrate und Zuckeralkohole, die im Dünndarm für „Aufregung“ sorgen, aber im Laufe der Ruhezeit des Teigs abgebaut werden.

Später brauchen Sie nur noch einen stabilen Stock, den Sie an der Spitze mit dem Teig umwickeln. Am besten hält es, wenn Sie vorher längliche Würste rollen und diese dann ineinander verdrehend um den Stock wickeln, und zwar von der Spitze weg zum anderen Ende hin und ca. 15 –20 cm lang.

Dann können Sie sich damit vor das Feuer setzen und das Stockbrot hineinhalten. Achten Sie wenn möglich darauf, dass es zwar Hitze abbekommt, aber nicht verbrennt.

Eine Nacht im Garten

Ob im Zelt, unter freiem Himmel, unter einem Tarp oder im Baumhaus, es gibt immer eine Möglichkeit, die Nacht mit den Kindern draußen zu verbringen. Haben Sie einen Schlafsack, eine Taschenlampe und vielleicht ein kleines Radio dabei oder sitzen Sie einfach zusammen und lesen etwas vor.

Tiere beobachten (Hochsitz)

Vielleicht gibt es in Ihrer Nähe einen Hochsitz. Noch besser, Sie kennen den Jäger. Mit Fernglas, heißem Getränk, warmen Sachen, einem Sitzkissen und einer Decke wird es gemütlich. Vielleicht leiht Ihnen jemand ein Nachtsichtgerät, dann sehen Sie die Tiere in ihrer ungestörten Umgebung.

Ein Besuch im Tierheim

Ihr Kind liebt Tiere? Vielleicht besteht der Wunsch auf einen Hund, eine Katze oder einen kleinen Nager? Tiere bedeuten aber auch Arbeit und Verantwortung. Besuchen Sie doch einmal das örtliche Tierheim und zeigen Sie Ihrem Kind, wie Tiere leiden, wenn sie von ihren Besitzern weggegeben, ausgesetzt oder misshandelt wurden. Fragen Sie einmal, ob Sie mit Ihrem Kind etwas Zeit mit dem einen oder anderen Tier verbringen dürfen. Lassen Sie Ihr Kind Erfahrungen sammeln, und wer weiß, vielleicht wird es einem Tier zu einem neuen Zuhause verhelfen?

Orientierungswandern

Lassen Sie von befreundeten Eltern eine Spur auslegen (Schnipsel, Reiskörner, etwas Sägespäne oder anderes abbaubares Material) und folgen Sie der Spur mit den Kindern.

Oder planen Sie im Vorfeld eine Strecke und geben Sie Tipps in Form von Frage – Antwort auf einem Zettel. Die Antwort bestimmt immer die nächste Route. Wenn sie falsch ist, laufen die Kinder falsch, wenn sie richtig ist, finden die Kinder das Ziel. Natürlich bilden Sie keine Einzelkämpfer aus und achten darauf, dass Ihre Kinder den richtigen Weg finden.

Nachtwanderung

Eine Wanderung in der Nacht ist immer ein Highlight. Egal, ob im Ferienlager, Trainingslager oder mit den Eltern, es ist Spannung pur. Die Mutigen nehmen die Ängstlichen an die Hand und so wird gleich die Gemeinschaft gestärkt. Wichtig ist, dass alle ankommen, nicht wer als Erster am Ziel ist.

In diese Strecke bauen Sie natürlich kleine „Aufregungen" ein. Ein Tierschrei, ein wackelndes Gebüsch, eine Wasserspritze aus dem Nichts. Sie waren jung, Ihnen fallen bestimmt viele Streiche ein, mit denen Sie sich wieder einmal ausleben können. Aber denken Sie bitte unbedingt an die Jüngsten und Ängstlichen in der Gruppe. Verstärken Sie keine Ängste und schaffen Sie keine Traumata. Ich schreibe das mit ernsten Gedanken und aus beruflicher Erfahrung. Überschreiten Sie keine Grenzen und klären Sie vorher ab, wer alles mitläuft. Es gibt kleine Seelen, denen müssen Sie einen Erwachsenen an die Hand geben und vor Ihrer kleinen „Einlage" absichern, dass das Kind Bescheid weiß oder etwas weiter weg ist. Ich kann nicht genug darauf hinweisen.

Lampionumzug

Kaufen oder basteln Sie mit den Kindern einen Lampion. Es müssen keine Kerzen darin sein, auch ein elektrisches Teelicht leuchtet und ist sicherer.

Starten Sie einen Aufruf unter den Freunden Ihrer Kinder, laden Sie sie ein oder hängen Sie mit Ihrem Kind Zettel aus. Was glauben Sie, wie viele Kinder mit ihren Eltern zum Startzeitpunkt vor Ort sind?

Kastanien sammeln und Figuren bauen

Aus Kastanien und Eicheln kann man die schönsten Figuren zaubern. Anregungen dazu gibt es im Internet und in vielen Büchern. Sie müssen nur raus mit Ihren Kindern und das Material sammeln. Dann noch abgebrannte Streichhölzer und ein paar Bastelsachen bereitlegen und es kann losgehen.

Pfeil und Bogen bauen

Wer wollte in seiner Kindheit nicht mit Pfeil und Bogen den Wald unsicher machen? Eine Schnur, ein Messer, das passende Holz und los geht es. Der Bogen wird gebogen, eingekerbt und mit Sehne gespannt. Dann werden ein paar Pfeile geschnitzt und hinten einige Federn oder Papier in eine Kerbe geschoben. Fertig ist der Bogen!

Back to the Roots – eine spirituelle Reise

Wer bin ich?

Was will ich?

Sich selbst erkennen.

Viele Menschen haben sich verloren. Im Strudel der Zeit, in den Fängen ihrer Arbeit, in der Familie, in Krankheiten. Sie leben dahin. Aber „leben" Sie wirklich? Wobei ich dieses „leben" doch als „erleben" verstehen möchte, nicht als „Zeit verbringen". Wo sind die Träume der Jugend geblieben, die Leichtigkeit der Kindheit, das unbekümmerte Lachen, das Abends-nicht-ins-Bett-Wollen und in der Früh zeitig die Eltern wecken?

Wo ist bei manchen die Lust an der Arbeit hin? Die Freude, nach Hause zu kommen und den Ehepartner zu sehen? Die Kraft, am Wochenende die tollsten Stunden zu verbringen und montags mit verschlafenen Augen auf die Arbeit zu kommen?

Sicher, die meisten kommen auch ohne Abenteuer am Wochenende verschlafen zur Arbeit. Und heute gehen sie früh ins Bett und könnten morgens lange darin bleiben, wenn sie nicht die Gedanken, Ängste oder der Druck zum Aufstehen drängen würden.

Es geht nicht allen so, am wenigsten vielleicht den Abenteurern, die die Natur genießen, sich ihre Auszeiten nehmen und Kraft tanken. Das sind Menschen, die außer der Arbeit und dem Druck noch etwas anderes kennen und vielleicht gerade deswegen mit den alltäglichen Problemen besser umgehen können. Jede Stunde in der Natur wird Ihnen guttun. Ob die Sonne, die Luft, die Ruhe, die Besinnung, der Adrenalinkick, jeder Moment draußen ist besser als unzählige, nachdenkliche Stunden drinnen.

Wann immer es Ihnen schlecht geht und Sie gar nicht vor die Tür wollen, tun Sie genau dies: Raffen Sie sich auf und gehen Sie raus. Laufen Sie in den Wald und umarmen Sie Bäume, „Waldbaden" Sie, hören Sie den Vögeln und Fröschen zu. Wie wäre es mit einer Meditation, z. B. im Wald, an einem Ufer, auf einem Friedhof? Hauptsache Ruhe und in sich gehen. Trinken Sie einmal ein Glas leckeren Wein und lassen Sie Ihre Gedanken schweifen. Wer bin ich? Bin ich mein Körper, der so schmerzt? Oder sendet er mir nur Signale, die ich vielleicht schon zu lange überhöre?

Bin ich meine Gedanken?

Ist Ihnen bewusst, dass Angst nur die

Annahme

Negative

Gedanken

Seien

Tatsachen

ist und sich nur in Ihrem Kopf abspielt wie ein Film? Das trifft sowohl auf Zukunftsängste, Entscheidungsängste als auch auf Ängste beim Übernachten im Wald zu. Zunächst ist da nichts Reales, sondern nur Ihre Gedanken, die Sie zermartern und schwächen können. Aber ob dieses oder jenes auch so eintritt wie in Ihrem Kopfkino, ist vollkommen offen.

Natürlich kann Angst berechtigt sein, sie kann uns auch schützen und zu Hochleistungen bringen. Aber Angst kann auch einfach nur den Körper schädigen, denn heutzutage rennen wir vor keinem Tiger mehr weg. Wir haben das Leben zu meistern und machen uns zu viele Gedanken und Sorgen um Dinge, die manchmal der Rede nicht wert sind.

Versuchen Sie einmal, aufsteigende Ängste als ein Fabrikat Ihres Verstandes wahrzunehmen und sagen Sie ihm: „Okay, ich nehme zur Kenntnis, dass Du Angst hast, aber ich lasse mich davon jetzt nicht beeindrucken und schaue, was wirklich geschieht“. Sie werden feststellen, dass vieles von dem, was Sie sich im Kopf ausmalen, selten wirklich eintritt. Es sei denn, Sie leben diese Angst und nähren sie ununterbrochen mit Energie.

Gehen Sie in die Natur und versuchen Sie, Ihre Gedanken zu beherrschen. Werden Sie der Herr, die Frau über Ihren Verstand, Ihre Gedanken. Machen Sie sich nicht abhängig von ihm und lassen Sie sich nicht von ihm kontrollieren, sondern kontrollieren Sie ihn. Zeigen Sie ihm, wer das Sagen hat.

So ein Waldabenteuer oder Zeit an einem anderen schönen Platz sollte zum festen Bestandteil Ihres Lebens werden. Sie sollten sich regelmäßig eine Auszeit gönnen, eine Zeit der Besinnung, des Bewusstwerdens.

Wer sind Sie?

Was wollen Sie?

Was wollen Sie nicht?

Warum sind Sie hier?

Was erwarten Sie vom Leben?

Und nun schöpfen Sie es!!!!

Gehen Sie es an, kommen Sie ins Handeln. Erleben Sie Ihr eigenes kleines Abenteuer.

Ich bedanke mich, dass Sie mir bis hierhin gefolgt sind und hoffe, dass ich Ihnen einige Anregungen mit auf den Weg geben konnte.

Ich wünsche Ihnen viel Erfolg!

Bonus

EDC-Pack klein:

- Erste-Hilfe-Pack (inklusive einer Rettungsdecke!)
- Schmerzmittel
- Feuerstarter
- Tampon
- Kondom
- Ersatzbatterien
- Kugelschreiber
- ein wenig Papier

EDC-Pack ergänzend:

- Wasserfilter
- Kohletabletten
- feststehendes Messer oder Klappmesser mit einer stabilen Klinge
- Lampe (leistungsstark und größer als die Schlüsselanhängerlampe)
- Powerbank (in der Kapazität angepasst an meinen Verbrauch)
- Batterien
- einen kleinen Weltempfänger (bei größeren Vorhaben)
- Signalpfeife
- Sternzwirn und Nadel

EDC-Pack Zugabe:

- Handwäsche
- ein kleines Besteckset
- Paracord (ein vielseitig einsetzbares Seil und Survival-Klassiker)
- ein kleiner Hobo-Ofen zum Zusammenstecken

Morsealphabet zum Ausdrucken (wichtigste Zeichen)

Buchstaben

A .-
B -...
C -.-.
D -..
E .
F ..-.
G --.
H ....
I ..
J .---
K -.-
L .-..
M --
N -.
O ---
P .--.
Q --.-
R .-.
S ...
T -
U ..-
V ...-
W .--
X -..-
Y -.--
Z --..

Zahlen

1	.----	6	-....
2	..---	7	--...
3	...--	8	---..
4	....-	9	----.
5	.....	0	-----

Internationales Notsignal

SOS	...---...	kurz, kurz, kurz – lang, lang, lang – kurz, kurz, kurz

Textbausteine für Notrufe per SMS, Messenger und andere Nachrichtenträger

SOS! Hier _________. Brauche dringend Hilfe!

Bin verletzt/kann nicht laufen/habe Orientierung verloren/brauche Medikamente/Wasser/ ...

Befinde mich/mein letzter Standpunkt war ____________________.

Aktuelle Uhrzeit: __________________.

Verlasse Lager/bewege mich weiter in Richtung __________ (Ort, markanter Punkt, Himmelsrichtung).

Kennzeichne Bewegungsrichtung durch _____________ (Steine, Äste, ...).

Unterrichtet bitte ________________ Telefon.

HELP!

Wichtige Anruffrequenzen (nicht festgeschrieben, aber etabliert)

Die genannten Kanalzuordnungen sind nicht durch den Gesetzgeber vorgeschrieben, haben sich aber inoffiziell in der entsprechenden Szene eingebürgert.

Freenet

Kanal	1 analog	Anrufkanal
Kanal	3 analog	Prepperkanal (Notruf)
Kanal	6 analog	Prepperkanal (Notruf – Ausweichkanal)

PMR

Kanal	2 analog	Wanderer, Bergsteiger und Geocacher
Kanal	3 analog	Prepperkanal
Kanal	9 analog	Prepperkanal (Ausweichkanal)
Kanal	13 analog	Prepperkanal (Ausweichkanal)

CB-Funk

Kanal	1 FM	Anrufkanal (empfohlen)
Kanal	2 FM	Bergfunk (DX-Verkehr)
Kanal	3 FM	Prepperkanal
Kanal	9 AM	Fernfahrerkanal (hier kommunizieren die Fahrer unter sich)
Kanal	15 USB	Anrufkanal SSB (hier USB)
Kanal	30 FM	DX-Verkehr
Kanal	31 FM	DX-Verkehr
Kanal	33 FM	Prepperkanal
Kanal	42 FM	DX-Verkehr

Anhang

GLOSSAR

A

Akku	Akkumulator (wieder aufladbare Batterie)
Amateurfunk	Funkdienst nur für lizenzierte Funker
App (Smartphone)	Anwendung für das Smartphone (identisch den Programmen bei einem Computer)
Apsis	Überstand, überdachter Stauraum beim Zelt

B

Batoning	Holz mittels eines Messers spalten
Bergfunk	Funk von Bergen aus, mit dem Ziel weiter Verbindungen (DX)
Bushcraft	Beschäftigung mit Fertigkeiten für das Überleben in der Wildnis

C

CB-Funk	eine Funkanwendung, auch „Citizen Band" = „Jedermannsfunk" genannt

D

Daybag/Daypack	Pack für einen Tag
DX	Begriff aus der Funksprache, der weitreichende Funkverbindungen beschreibt

E

EDC	**E**very **D**ay **C**arry: Gegenstände, die wir immer dabeihaben
Esbit	Brennmaterial für Kocher

F

Feathersticks	kleine Holzstücke mit geschnitzten Holzlocken, die besonders gut brennen

Foren/Forum	bestimmte Webseiten/Plattformen im Internet zum Austausch über bestimmte Themen
Freenet	eine Funkanwendung für alle
G	
Geocaching	Suche nach versteckten Caches, mit Logbuch und großer Fangemeinde
GPS	globales Positionsbestimmungssystem mithilfe von Satelliten
Greenhorn	ein Beginner, Unwissender
H	
Hobo	Kocher, der von den Hobos abstammt und gern genutzt wird
I	
Isomatte	Isoliermatte, Unterlegmatte, selbst aufblasende Matte/Matratze
J	
Jakobsweg	bekannter Pilgerweg
K	
Kaliumpermanganat	Kaliumsalz, mit dem man Feuer entzünden kann
Kienspan	verharztes Holz, perfekt, um Feuer zu entfachen
L	
Leatherman	namhafter Hersteller von Messern und Multitools
LPD	Funkanwendung für jedermann. Mittlerweile unbedeutend aufgrund geringer Reichweite
M	
Mikroabenteuer	kleine Alltagsabenteuer
N	
Notfunk	in Notfallsituationen genutzte Funkanwendungen aller Art

O

Ortsrunden	hier gemeint als eine Gemeinschaft von Funkfreunden, die sich zu festen Zeiten sprechen
Outdoor	draußen, in der Natur stattfindend

P

Paracord	Sehr vielseitige und stabile Nylonseile. Ursprünglich Fangleinen der Fallschirme
Powerbank	Akkumulator für Smartphones und verwandte Geräte (Lampen, Radios, ...)
PMR	eine Funkanwendung für alle
Poncho	langer, wasserdichter Umhang
Prepper	Ein Prepper bereitet sich auf Katastrophen und Notsituationen vor.

R

R-Wert	Wärmedurchgangswiderstand eines Materials, hier der Isolationsgrad einer Isomatte

S

Survival	Überleben, sich mit Techniken zum Überleben beschäftigen
Solar-Destille	Aufbau zum Destillieren mittels Sonnenstrahlung
Sondengänger	„Schatzsucher“ mit Metalldetektoren/Sonden
Shortwave Listening	(Radio)Kurzwelle hören
SUP	Stand-Up-Paddling, Stehpaddeln, Board für Stehpaddeln

T

Tarp	Plane (i. d. R. aus Plastik- oder Nylonfolie) mit Abspannpunkten

V

Victorinox	namhafter Hersteller von Messern und Multitools

Z

Zunder	leicht brennbares Material zum Feuer Entfachen

QUELLENANGABEN

Internetquellen und Links

*https://**www.geo.de**/reisen/reise-inspiration/16702-rtkl-alastair-humphreys-tipps-vom-erfinder-so-werden-mikroabenteuer*
*https://**www.outdoortrends.de**/stammtisch/wissenswertes/r-wert/*

*https://**www.victorinox.com**/de/de/Schweizer-Taschenmesser/cms/swissarmyknives-main*
*https://**staywild-outdoor.com**/tarp-aufbaumoglichkeiten/*
*https://**www.buschpirat.de**/wissen-und-tipps/tarp-aufbau*
*https://**www.sacki-survival.de**/info-sammlung/wissen/knoten/*
*https://**survival-kompass.de**/pdf/6-wichtigsten-bushcraft-survival-knoten.pdf*
*https://**www.panzerfahren.de**/*
*https://**www.panzer-power.de**/*
*https://**geocoinshop.de**/Was-ist-Geocaching-Wie-geht-Geocaching:_:47.html*
*http://**www.jakobswege-europa.de**/wege/*
*http://**www.deutsche-jakobswege.de**/wege-uebersicht.html*
*https://**reisemagazin.reiseschein.de**/pilgerwege-in-deutschland/*
*https://**www.wildganz.com**/deutschland/pilgerwege*
*https://**www.voucherwonderland.com**/reisemagazin/kirchen-in-deutschland/*
*https://**reisemagazin.reiseschein.de**/kirchen-in-deutschland/*
*https://**travellersarchive.de**/reisetipps/urlaub-in-deutschland/schoenste-staedte-deutschlands/*
*http://**www.staedte-reise.net**/thema/stadtfuehrer-deutschland/*
*https://**www.voucherwonderland.com**/reisemagazin/schoenste-staedte-deutschlands/*
*https://**www.youtube.com**/watch?v=k93iTp4XTsM*
*https://**www.adac.de**/reise-freizeit/reiseplanung/inspirationen/deutschland/top-hoehlen-in-deutschland/*
*https://**de.wikipedia.org**/wiki/Radwandern*
*https://**www.rad-reise-service.de**/radwandern-deutschland.html*

Bücher

SURVIVAL-GUIDE von Colin Towell (ISBN 978-3-8310-1626-6)

Wir danken Ihnen für Ihr Interesse und Ihr Vertrauen. Als Dankeschön dafür, haben wir eine besondere Überraschung. Wir haben eine exklusive **Survival Checkliste- inklusive Survivaltraining für Anfänger**. Und diese erhalten Sie vollkommen kostenlos. Das klingt wunderbar? Dann warten Sie nicht lange und holen Sie sich Ihr Gratis-Geschenk.

Hier geht es zu Ihrem Gratis-Geschenk:

https://forms.gle/T88c3RLyj1Qo5N6QA

1. **Öffnen Sie die Kamera-App auf Ihrem Smartphone und richten Sie die Kamera auf den QR-Code.**
2. **Klicken Sie auf den Link, der Ihnen angezeigt wird und schon werden Sie zur Website weitergeleitet.**

Impressum

Herausgeber: Pegoa Global Media GmbH / Am Sandtorkai 27 / 20457 Hamburg
Kontakt: kontakt@pegoamedia.de
Coverbild: Shutterstock